The Orhai Method of Total Healing

オルハイ・ヒーリング

サヤーダ 著
Sayahda

采尾英理 訳

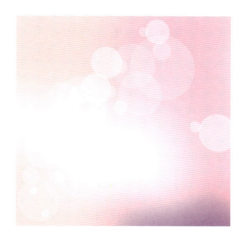

ナチュラルスピリット

主要アクティベーションポイントの図

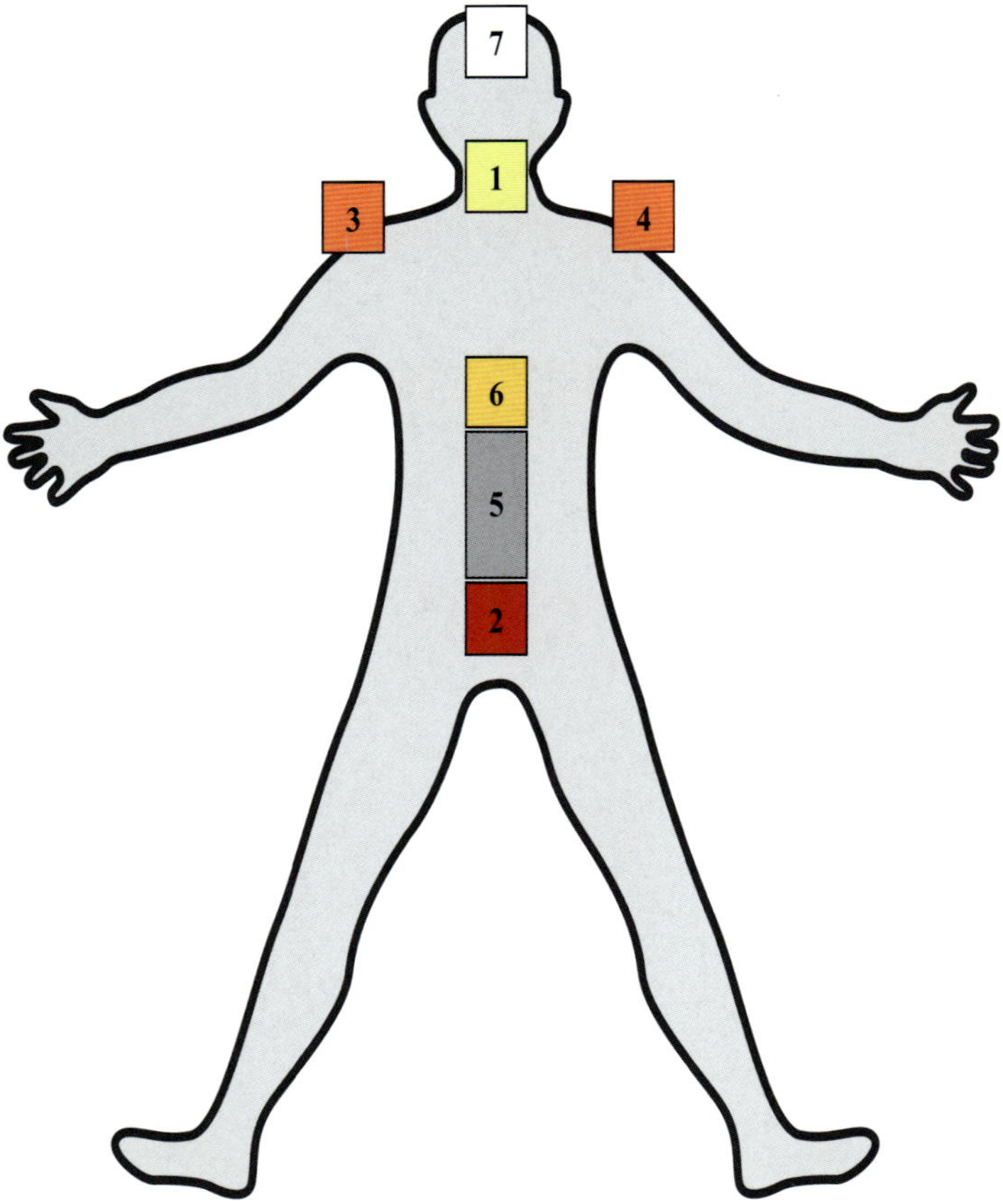

＊ P75 〜 80 をご参照ください。

主要・副アクティベーションポイントの図

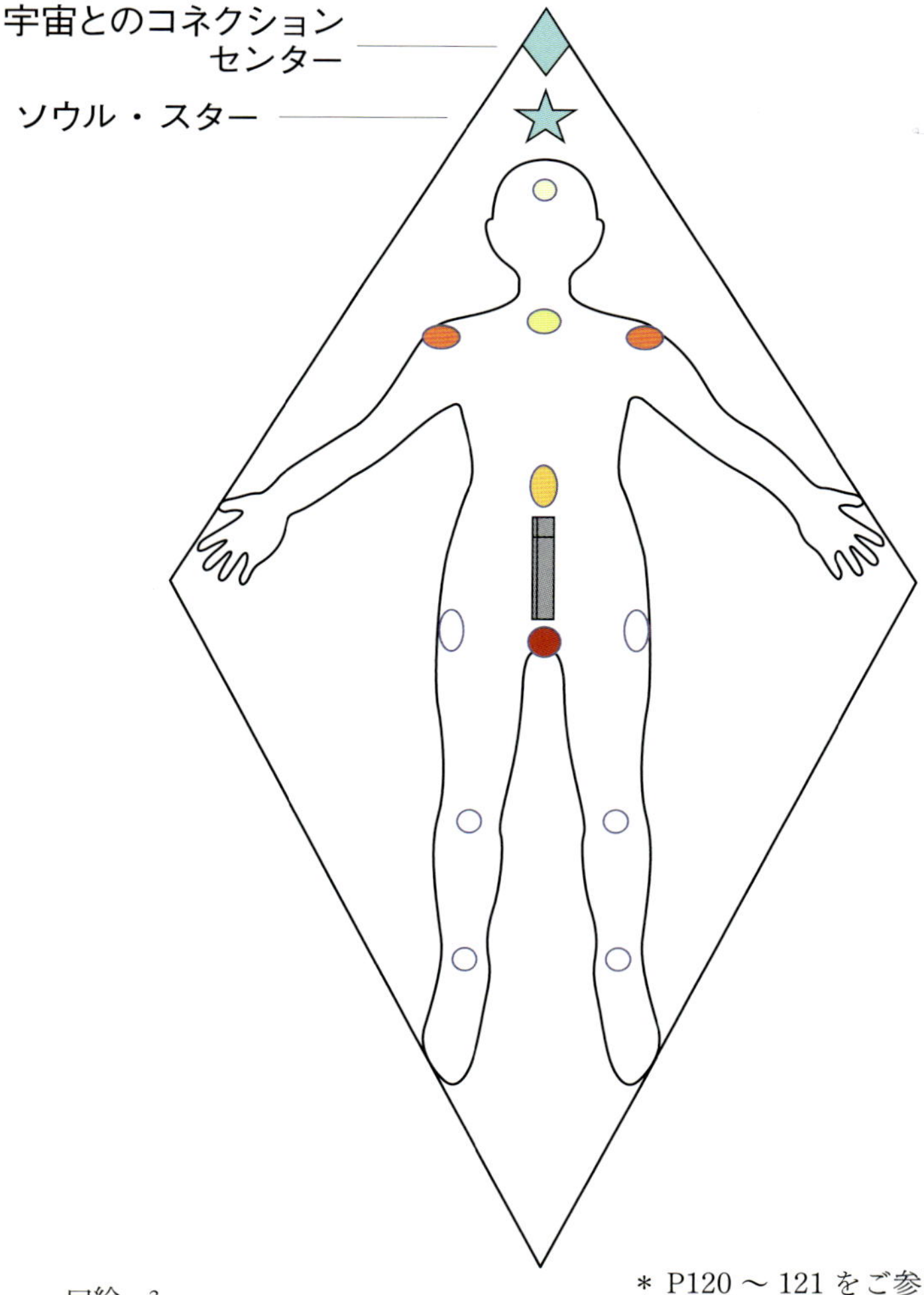

＊ P120 ～ 121 をご参照ください。

アクティベーションポイントと対応スレッドの図

＊スレッドとは、脈絡、筋を意味します。

スレッド：緑色
：ソウル・スターから両耳、両腕、胸郭と太陽神経叢の間から左右の臀部、背骨基底部から両脚を通るライン

ダイアモンド型ポータル
：ローズ色
：頭部を囲む小さなダイアモンド型

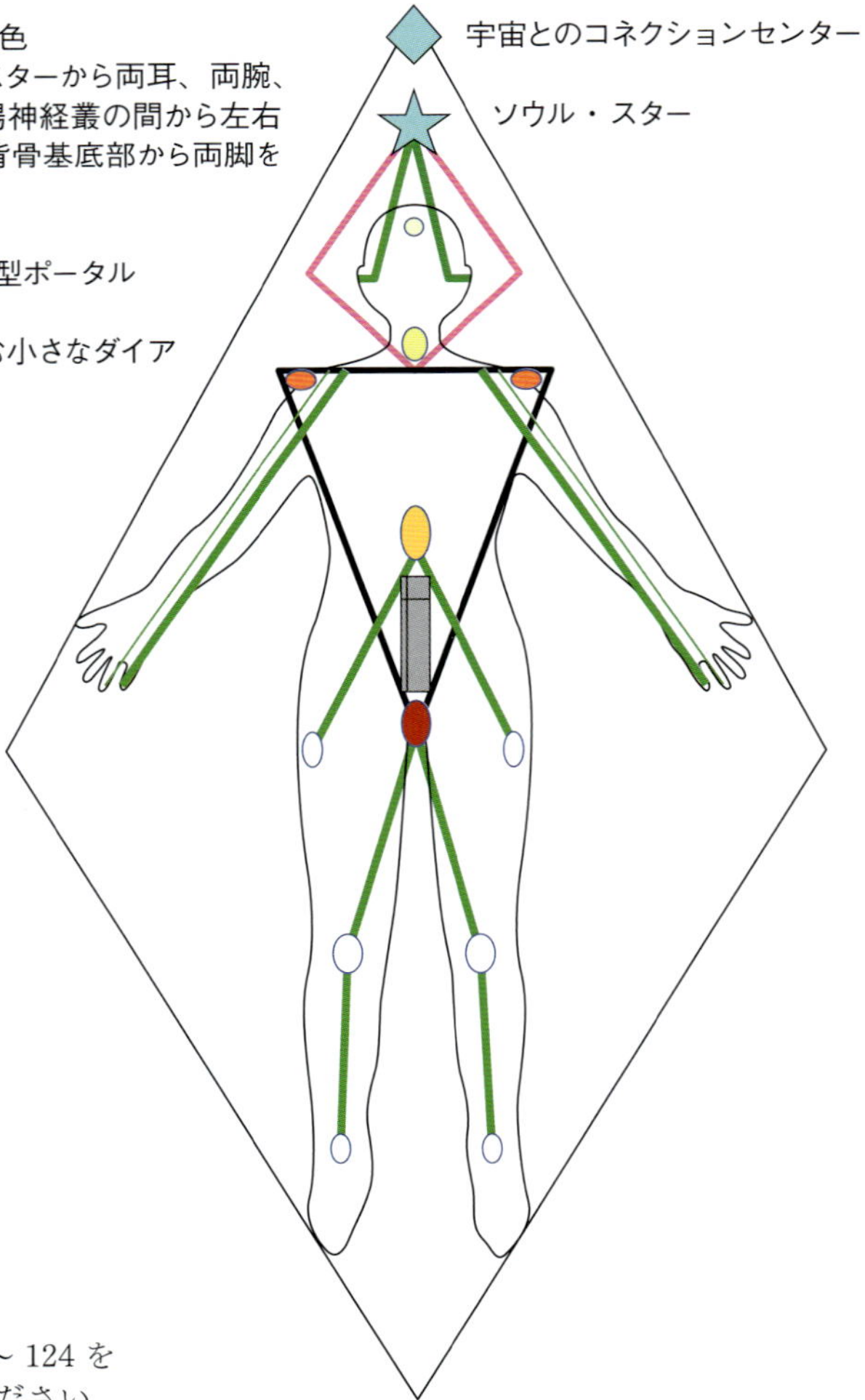

＊ P122 ～ 124 をご参照ください。

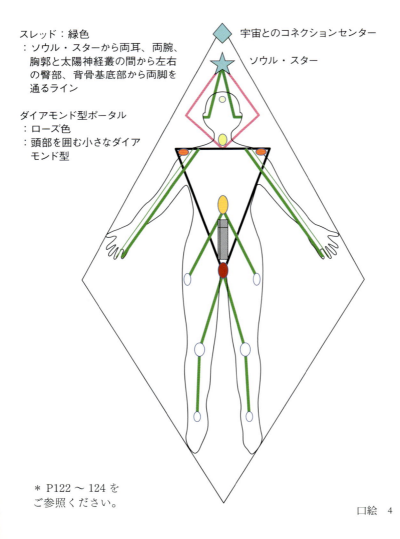

オルハイ・ヒーリング

●

目次

オルハイ・ヒーリングセラピー：レベル1（初級編）　6

オルハイ・ヒーリングセラピー：レベル2（上級編）　98

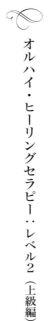

オルハイ・ヒーリングセラピー：レベル1（初級編）

はじめに

オルハイは、ＤＮＡに保存されている過去・現在のトラウマの細胞記憶を解消することに取り組む、エネルギー・ヒーリングの新しい手法です。このワークブックでは、その解消プロセスについて段階的にご案内します。指示に従って、順番通りに行ってください。

オルハイは、知識だけではなく経験を通して学ぶ手法です。オルハイを実践することなく、内容にざっと目を通しただけでは、この総合的ヒーリングセラピーから完全な効果を得ることはできません。

オルハイには、私がスピリットから伝授された知識とテクニックを盛り込んでいます。私はオルハイを指導する許可をスピリットから与えられるまでに、十二年間、この手法を実践してみるよう言われました。

まずはじめに、あなたの進化がどのように始まったのか、その進化サイクルのスタート地点にさかのぼり、現在の人生サイクルへと進んでいきます。そのため、最初にご紹介するテクニックの中には、あまり重要に思えないものもあるかもしれませんが、それは、あなたの意識が「自分はここに書いてあることよりも進歩している」と考えてしまうからです。

一つ心にとめておいて欲しいのですが、あなたのマインドが生みだす思考は、魂の内なる知恵と必ずしも一致するとは限りません。思考と内なる知恵の間に隔たりがあると、しばしば混乱が起こり、常に真実を探求することになります。このワークブックでご紹介する知識とテクニックに取り組めば、あなたに内在する真実が浮かび上がり、精神的な調和が得られるでしょう。

完全なヒーリングを実現させるためには、過去・現在・未来のあなたの全体性を取り戻さなければなりません。

進化サイクルのスタート地点にさかのぼり、それを理解してから先に進めば、あなたの現在の意識を形成してきた不完全な概念、半面だけの真理、断片的な知識を解消できるようになるでしょう。

このワークブックに取り組む上で、なにか疑問が生じたときは、私がお答えします。遠慮なく、メールにてご連絡ください。

スピリットと共に、みなさまをご招待します。どうかハート、マインド、体を開放して、総合的ヒーリングのオルハイを探求してみてください。

＊著作権について

本ワークブックのいかなる部分も、著者の書面による許可を受けずに複製することを禁止します。

誕生

地球上での人生をはじめるとき、あなたは神と一体でした。そして、万物を結びつける糸である「愛」というものを深いレベルで理解していました。あなたは創造的な光の一部として、神が広大無辺であることを知っていました。肉体を持って生まれる前、あなたはスピリットとして存在し、この物質界で愛を創造するという意図を持っていたのです。あらゆる惑星において、それは初めての試みでした。

あなたは自分がどのような人生を創造しようとしているのか、あらかじめ十分に教わっていました。そして地上に降り立ったときに、物理的な体を得たのです。その肉体は、あなたが生まれる前に同意した使命の達成と生存に不可欠なものを調達できるよう、うまく作られていました。

スピリットから肉体へと移行する間、あなたは心を愛に捧げようと固く決意していました。神の本質を、この物質界における人生へもたらそうと強く思い定めていたのです。肉体を通して、その行動すべてに普遍の光を込めていました。

この地球という惑星にすぐに馴染む人もいれば、そうでない人もいました。それでいて、誰もが、この三次元の世界で無償の愛の王国を創ろうとする創造主に仕えたいと意欲に燃えていました。その時点で、あなたはすべてを手にしていました。人生には豊かさが溢れていました。

すべての魂が、この共創プロセスにおいて対等な役割を担うことになっていました。生活の指針となる法律を制定する者。住まいを建築する者。みな、何らかの仕事を持っていました。あなたは、物質的な惑星で肉体を使って愛を表現するスピリチュアルな存在だったのです。肉体を持って生きるということ自体が実験段階にあったため、「失敗」という観念は存在しませんでした。人々には、創造する自由意志が与えられていました。どのように創造するかは、本人次第だったのです。

地上での人生の初期段階では、誰もが愛の意図を持って創造していました。やがて時間が流れ、物質界の密度が現実的になってくると、人々は能力の限界を実感しはじめます。霊界では、ものごとを瞬時に顕現させることができました。しかし、この地球に降り立ったとき、すべてが時間に支配されていることに気づいたのです。

あなたは、三次元での体験を司る不思議なルールに対応しなければならなかっただけでなく、動きが制約される肉体というものにも馴染まなければなりませんでした。さまざまな試練を乗り越えなければならなかったため、あなたの意識は次第にこの新しい経験にとらわれ、誕生前に抱いていた意図が何であったのかを忘れはじめます。

この忘却がきっかけとなって、あなたの中に感情というものが芽生えるようになりました。霊界では、肉体を持たなかったため、物理的な感情もありませんでした。物理的な感情は、三次元における数ある経験の一つではありますが、高次の次元とはつながっていません。

ひとたび感情が体内に宿ると、魂が抱いていた意図がゆがんでしまいます。あなたは愛を込めて創造するという意図を理解していたのに、制約や限界に直面するうちに、この意図を実現するのが次第に困難になり、不安という感情を抱くようになりました。意図していた通りに創造できないのではないかという焦りから、あなたはさらに努力を重ねます。しかし、懸命に努力すればするほど、あなたは地球の濃密なエネルギーの中に根を張るようになりました。意識が、元の意図を見失ってしまったのです。

それからというもの、あなたは無償の愛の波動から創造するのではなく、競争心から創造するようになりました。人はみな対等であるという視点を失って、他者をしのぐという試練を受けることになったのです。人々の間に、優越感と劣等感が生まれました。

すると、「共創」が一種のゲームとなり、敗者と勝者が出てくるようになりました。あなたが今日抱いているネガティブな感情はすべて、この競争的な共創プロセスで芽生え、助長したものです。誰かがあなたより上手に何かを創造したとき、あなたは劣等感に苛まれ、相手は優越感をおぼえました。これが、数々の感情的反応の発端となり、不安、疑い、心配、苛立ち、憤り、罪悪感、怒り、やがては健康障害を引き起こすことになったのです。

こうした状況が生まれたからといって、神（スピリット）は人々を判断などしませんでした。なぜなら、この実験段階で「奉仕しよう」という人々の嘘偽りない熱意を尊重していたからです。神（スピリット）は、人々を助けるために何らかの方策を講じなければならないと考えました。結果、この世界で転生サイクルを開始することになったのです。この転生という仕組みは、恐れを浄化し、自らの思考と行動を当初の愛の波動へと立ち返らせる機会をもたらします。

その後、何度も転生を繰り返してきた今、人類は愛の意識状態へと戻りはじめ、その愛をハートとマインドと肉体に復活させる選択をしようとしています。

意識的な選択をする際は、次のことを理解しておいてください。その場に思考が現れると、あなたはその思考を集めて、それらから影響を受けます。ネガティブな思考はさらなるネガティブな思考を引き寄せます。一つの冷淡な思考が、また別の冷たい思考を生み、気がつけば、マインドが不健全な思考形態で一杯になってしまいます。そこに不健全な思考形態が存在すると、それが病気として現れます。病気というものはすべて、癒しへたどり着こうとする魂の挑戦を表しています。そして、ヒーリングというものはすべて、意識を高次のレベルへ向上させようとする挑戦なのです。

病気はエネルギーフィールドで発症し、あなたは次第に弱りはじめます。弱ったあなたは、存続するために、周囲にクモの巣のような網を張りめぐらします。そこは、あなたの安全地帯。網を作る一本一本の糸が、他者の網の糸とつながり、集合意識というものが誕生します。

あなたの行動は、この集合意識から影響を受けます。しかし、あなたはスピリットの本質である愛を求めているため、愛を見つけようと様々な経験を積み重ね、そこに愛が見つからないと、さらに愛を探し求めることになります。それらの経験の中で一つの事象が繰り返し起こると、その事象はやがて説得力を持つようになり、あなたの意識を支配しはじめます。

記憶のパターンが形成されるまでには二十一日間を要します。肉体に形成されるのに七日間、感情体に形成されるのに七日間、そして精神体に形成されるのに七日間かかります。記憶のパターンは、過去世と現世での経験と集合意識が元となって形成されます。

過去世の記憶は、肉体と感情体に埋めこまれていて、感情的な反応を生みだし、それに肉体が反応します。ある事象に対して感情的に強く反応するとき、それは大抵の場合、肉体と感情体が過去世の記憶から影響を受けているのです。

刷り込みは、過去世の経験によって蓄積されたエネルギーとして霊体*に形成されています。過去世の記憶を解消しても、その記憶にまつわるエネルギーを解消しなければ、完全なヒーリングは起こりません。スピリットの全体性を無視した行動を取るたびに、あなたは刷り込みを形成します。これらの刷り込みがエネルギーを蓄積させ、創造的な力との間に隔たりがある意識を生みだします。創造的な力を尊重していないとき、そこに「判断」というものが入り込んできます。すると魂は、あなたが純粋な意識と再会できるよう手助けするという目的で、あなたを様々な経験へと送り込んでいきます。

細胞レベルの刷り込みを解消するのは、過去世の記憶を解消するよりも深遠な作業になります。過去世の記憶とそれにまつわる反応を解消すると、そのエネルギーを内包する刷り込みを解消できるようになります。**刷り込みの解消とは、過去世とつなが**

＊霊体
オルハイでは、四つの主となるボディ（肉体〔physical body〕、感情体〔emotional body〕、精神体〔mental body〕、霊体〔spiritual body〕）に取り組むとのことから、"spiritual body"は「霊体」と訳しました。厳密に言うと、この「霊体」は「肉体」以外のすべての"bodies"を表現しているとのことです。

るエネルギーを解消することを意味します。そして過去世の解消とは、何らかの身体的反応を引き起こす感情を解消することを意味します。

完全なヒーリングを実現するためには、まず、あなたにとっての問題を引き起こしている思考を解消してから、その思考が存在する場を浄化しなければなりません。ヒーリングは、健全な環境でしか起こりません。

本ワークブックでは、このゴールを達成するためのテクニックと情報を扱っています。細胞記憶と、それを強化するエネルギーを解消していくと、あなたは再び原点にたどり着くでしょう。本来のあなたが放つ純粋な光へと戻ることができます。

思考と感情を立て直す

健康をあらゆるレベルで回復させるためには、精神力と内面の純粋さと観察力を常に向上させなければなりません。そして、自分の思考と感情に意識を向けて、それらを立て直していく必要があります。思考に向き合う姿勢を変えて、停滞している感情をより高いレベルで表現しはじめると、思考と感情を立て直すことができます。

人の奥底には、私たちを突き動かすパターンが潜んでいます。例えば、皿洗いなど、上の空で何かを行っているとき、マインドはさまよいはじめる傾向があります。ふつう、あなたはマインドがどこをさまよっているかなど意識せず、何を考えているか気にもとめません。

オルハイの重要ポイントは、マインドを意識して、その思考がどこで何をしているかに注意を払うことです。だからと言って、マインドを分析し、特定の思考を生みだした過去の状況をあれこれ思い描く必要はありません。ただ、マインドに意識を向けて、あなたの現在の立ち位置から前へ進めばいいのです。現在の立ち位置は、中立的な意識への跳躍ポイントとなります。中立的意識に向かいながら、怒りや恐れ、憎しみ、罪悪感、不安などといったネガティブな思考形態をすべてマインドから摘み取る努力をしてください。

テクニック１：思考を立て直す

タイマーを用意して、一日に二回、異なるタイミングで鳴るように設定します。キッチンタイマーでも、目覚まし時計でも構いません。

メモ帳を身近なところに用意して、タイマーが鳴ったときにマインドにあった思考を手早く書き留めます。深く考えずに、ただ書いておきましょう。

長々と詳細を書かないでください。数単語、あるいは短い文章で充分です。

書いたものは読まずに、ページをめくっておきます。次にタイマーが鳴ったときも、マインドにあった思考を新しいページに書き留めます。

これを一週間続けてください。午前中に一回、夕方前後に一回鳴るように設定しておくと良いでしょう。一週間後、メモ帳に書いたことを読んでみます。

読んでいくと、書いたことの中にある一定のパターンやテーマがあることに気づくでしょう。心配事、苛立ち、不安、疑念など、似たような感情が浮き出てくるかもしれません。各テーマにまつわる状況は、それぞれ異なるかもしれませんが、大体において似通った思考に気づきます。浮かんできたテーマについて、あれこれ心配しないでください。ただ、そのテーマを観察し、それらを消去することを意識的に選択しましょう。感情や思考に良いも悪いもありません。それらは、そこに存在しているだけなのです。

このテクニックは、潜在意識下にある思考を促して、それを解消できるように顕在意識へと表出させます。潜在意識は、あなたの言動や思考に影響を与える数々のパターンを握っています。

このエクササイズは、あなたの奥深くに潜むパターンに注意を向けるよう顕在意識を促します。今度、皿洗いなどの頭を使わない作業をするとき、恐らくマインドは再びさまよいはじめるでしょう。しかし、次からは顕在意識が古いプログラムに気づいて、それらを中和できるようになります。思考を意識できていると、もはや自分が抱える問題の犠牲者ではなくなり、むしろパワーを得て、自身の人生と周囲からの影響をコントロールできるようになります。

思考にはエネルギーが伴うということに気づいてください。今世、そして転生を通じて、人類はいつも思考にエネルギーを与えてきました。思考にエネルギーを与えれば与えるほど、その思考が私たちに及ぼす影響も大きくなります。

物事を善悪に分けることをやめると、中立的な立場をとることができます。反対に、思考を善悪、あるいはポジティブなものネガティブなものとして捉えると、対立という概念に支配されることになります。対立という概念の中に意識があると、混乱があなたの現実を決定するようになるでしょう。それは、あなたが自己とその世界を相手に常に戦っているからです。オルハイはこの混乱を良しとせず、あなたが中立的な意識へと向かう手助けをします。

神（スピリット）は純粋な意識であって、対立的な意識ではないということを忘れないでください。神は無償の愛を創造的に表現します。そしてその愛は、対立するものの中には存在できません。良い悪いという概念は、神（スピリット）との分離を意味しています。対立的な意識は、森羅万象のワンネスを尊重しません。

自己の全体性を尊重して、自分の思考や言動を対立的概念に支配させることをやめれば、被害者意識を捨てて、あなた本来の輝きを放つことができるようになります。

テクニック２：思考を立て直す

思考を立て直すためには、視点を変えて物事を見直さなければなりません。例えば、鳥を見るとき、その鳥に生命を与えた創造の力に意識を向けましょう。鳥がさえずるのを聴くとき、その鳥を通して歌うスピリットの声に耳を傾けましょう。鳥に宿るスピリットに気づくことができるよう意識を訓練するのです。

誰かを虐げている人を見かけたら、その人のハートセンターに宿る光に注意を向けましょう。

誰かを怒鳴りつけている人を見かけたら、その人を通して自己を表現しているスピリットの声に注意を向けます。

このように、万物に宿るスピリットに気づけるよう意識を訓練してください。善悪の概念ではなく、スピリットに目を向けていると、あれこれ判断することを止めることができるだけでなく、その判断につきまとう感情も手放すことができます。

テクニック３：思考を立て直す

次の文章を完成させて書いてください：「私にとって最も困難（苦手）なことは……」。

それが困難な理由を列記してみましょう。その困難を解消するために、何をしてきましたか？ 進展はあったでしょうか？ その困難な状況についてどう感じていますか？ 気分は良いですか、悪いですか？ それとも何も感じませんか？ その状況を変えるには、どうすれば良いでしょう？

列記した理由を見直して、その困難な状況を文章にまとめ、自分がその状況にどう対応しているか書いてください。

自分が困難に思う状況を理解し、どのように対応してきたか見えてきたでしょうか？　ちがう対応はできますか？　人生からその困難を解消できるという自信はありますか？

書いた文章を声に出して読んでみてください。「私にとって最も困難（苦手）なこと」とそれに対する感情を表現してみましょう。列記した理由を読み直し、自分の声の調子に注意してください。はっきりとした大声、それとも小声ですか？　不安そうですか、それとも落ち着いていますか？　特定の言葉を強調していますか？　注意を払って、どのように自己表現しているのか気づいてください。

困難な状況をまとめた文章の中に、「努力する」「できない」「願う」「でも」「もし」という言葉が何度登場しますか？

その状況に伴うパターンを変えて、原点である愛に戻ろうと「努力する」とき、あなたはすぐに失敗を思い浮かべます。「努力する」という言葉は、何かを試みるということです。実際に「する」ということではありません。これまでに、人生で何かを変えてみたいと思ったことはあるでしょうか。それを変えようと「努力した」のに、思うようにいかなかったということが何度あるでしょう？　あなたはその状況を変えるなんて「できない」と考えるようになります。「できない」という言葉は、あなたを無力にして、失敗を連想させます。「努力」し続けても、結果を出すことが「できない」とき、あなたは「願う」ことに意識を向けます。「願う」という言葉は、あなたが主導権を握っていないことを表します。あなたが人生の主導権を握っていなければ、そこには失敗が存在します。「願う」のをやめて、「知る」ことをはじめてください。

うまくいかない苛立ちから、あなたは「でも」「もし」という言葉を使いはじめます。「努力はした。でも、このパターンを変えるなんて無理な気がする。もし～しさえすれば……」。「でも」という言葉は、目の前にあるものすべてを否定します。「もし」という言葉には疑念が詰まっています。そうして、あなたは再び自分を失敗者に仕立てあげます。ここで登場するのが判断です。判断は、信頼の対極にあります。信頼とは、自分の知恵に対する自信を表しますが、根拠もなく信じるというわけではありません。あなたは一定のパターンを身につけていて、困難に向き合おうとしながら、自分を繰り返し判断しています。自分を判断すればするほど、あなたは、その信頼を失っていきます。すべてに創造力を見出そうと明確な意思を持って進んだときのみ、信頼はあなたが望むゴールへと連れて行ってくれます。

「努力する」「できない」「願う」「でも」「もし」という言葉を、あなたの辞書から消してください。

「努力する」という言葉を「する」という言葉に変えてください。
「できない」という言葉を「できる」という言葉に変えてください。
「願う」と言う言葉を「知っている」という言葉に変えてください。
「でも」という言葉を「そして」という言葉に変えてください。
「もし」という言葉を「～するとき」という言葉に変えてください。

記憶のパターンが形成されるまでには二十一日間を要するため、この言葉を変えるエクササイズを七日間連続で行い、三日間ストップします。また七日間続けて三日間ストップ、そして再び七日間続けます。

エクササイズ最初の七日間は肉体のために、次の七日間は感情体のために、最後の七日間は精神体のために行います。ふつう、人はまず肉体で反応し、次に感情体で感じ、最後に精神体で考えます。

このエクササイズによって、あなたの内に記録された過去世の記憶を解消しはじめます。自分がどのような気分で、何を考えているのか意識してください。三日間エクササイズをストップしている間、考え方や行動は変わりましたか？　自分自身や日常に対して、気分の変化はありましたか？　何を考えどう感じたか、日記に書き留めておきましょう。

自分の思考と感情を観察することによって、自分自身を深く知ることができます。オルハイは、自己を批判・非難するためのものではありません。ただ、意識することを目的にしています。意識的な状態にあると、自分にとっての新しい現実を創りだすパワーを得られます。

テクニック４：思考を立て直す

次のエクササイズを毎日何度も行ってください。

「私は自分を愛するが故に……」

この文章の続きに、あなたが直面するネガティブな状況や、やめられない不健康な習慣を一つひとつ加えて文章を完成させます。

私は自分を愛するが故にタバコを吸っている。
私は自分を愛するが故にお金の心配をしている。
私は自分を愛するが故に口論している。
私は自分を愛するが故にジャンクフードを食べている。

私は自分を愛するが故に怒っている。
私は自分を愛するが故に困難な人生を送っている。

完成させた文章一つひとつが呼び起こす感情を書き留めるか、録音してください。その感情が強ければ強いほど、あなたは自分を愛することに抵抗を感じているということです。愛に抵抗するとき、あなたは自分の真のパワーを否定しています。パワーが高まるほど、癒しも早く実現します。自分への愛を深めれば深めるほど、自分を傷つけなくなります。あなたが自分を傷つけなくなったら、「不安を抱えることの安心感」を手放すことができるようになるでしょう。この安心感は、過去世のパターンです。今この瞬間の意識は、過去世の記憶に住みついています。あなたが生きている現実は、あなたが注意を向けている事柄に過ぎません。意識を愛に向けて切り替えると、パターンを解消して、自らの言動や思考を通して自分を虐げることをやめられるようになるでしょう。これができると、集合意識の影響力から自由になるきっかけとなります。

テクニック5：鏡を使うテクニック

鏡の前に立ち、自分の目を見つめながら次のアファメーションを声に出して唱えましょう。

私は神（スピリット）を愛するが故に、この瞬間から自分の魂の完全性を尊重する。
私は神（スピリット）を愛するが故に、過去・現在・未来の自分を愛する。

これを繰り返すと、あなたはどんどん変容していきます。このアファメーションを何度も唱えてください。私は、このエクササイズが実際に人々の心を動かすのを見てきました。胸の内がざわつきはじめるまでアファメーションを繰り返し、最後のひと押しにあと数回、穏やかに唱えると良いでしょう。この念押しが、古い境界線と限界を超えるようあなたのスピリットの意欲をかき立てます。

発達性トラウマ

発達性トラウマは、あなたの内なる知恵に相反して、苦しみをもたらした作用のことを指します。トラウマそのものに破壊性はなく、必ずしもネガティブな投影や影響力（影響を与える存在）から生じるものではありません。例えば、幼い頃に起こった些細だけれども腹が立った出来事などもそうです。そうした発達性トラウマは、しばしば気づかれないうちに増長します。なぜなら、自分の癒しに取り組んでいるとき、ふつう人はより大きな問題に注意を向けているからです。

子どもの頃、あなたにネガティブな影響を及ぼす出来事が起こったとしましょう。あなたは、泣いたり叫んだり、あるいは隠れたり癇癪《かんしゃく》を起こしたりして反応します。こうした反応は、その出来事が生んだエネルギーを解消したいという潜在意識下の欲求から起こります。

ほとんどの場合、親は子どもの聞き分けが悪いとその子を叱りますが、残念なことに、そのとき子どもの内面でエネルギーがどういった状態にあるのか理解していません。子どもは自分の言い分を聞いてもらえず、結果、その嫌な出来事のエネルギーを霊体から浄化することが難しくなります。すると、その子の中にネガティブな波動のエネルギーが蓄積し、その経験にまつわる感情が徐々に発達してしまいます。

ある出来事が何度も起こり、その出来事において主導権を握っている人物がいたとすると、あなたはその人に対して憤りをおぼえはじめます。その出来事が起こるまでは、その人と良好な関係を築いていたかもしれません。ところが、その出来事のエネルギー的トラウマを解消できなかったために、あなたは無意識に自分の苛立ちをその人のせいにしはじめ、二人の間に問題が生じるようになります。

一つ例を挙げましょう。

子どもの頃、母親が夕食を用意してくれました。献立の中に、ほうれん草を使った料理があります。あなたは「ほうれん草なんてまずいし、歯ざわりも最悪」と思います。見ただけで、気分が悪くなりました。

あなたはほうれん草だけを残して料理を平らげました。母親はあなたの健康を思い、ちゃんと栄養を摂ってほしいと考えて、ほうれん草を食べるまで食卓を離れてはならないと言います。あなたは自分なりに抗議しますが、母親を怒らせてしまうだけでした。拒めば拒むほど、状況は悪くなります。やがて、あなたか母親のどちらかが折れますが、二人とも気分を害しています。

最初にこの出来事が起こってからというもの、ほうれん草が出るたびに、あなたは不安と動揺に駆られるようになりました。そうして、この不安が過去の出来事に関する嫌な記憶を助長しはじめます。成長したあなたは、ほうれん草を嫌うどころか憎むまでになってしまいました。そして、母親に対する無意識の怒りまで抱くようになります。

この話では、母親はただあなたの健康を気遣っていただけです。あなたを傷つける気は毛頭ありませんでした。ちゃんとした食生活をさせて、健康でいてもらいたいと思っていたのです。しかし、子どものあなたは、母親の思いなど理解せず、嫌いなものを食べさせるなんてひどいと感じていました。

こういった場合に、発達性トラウマが生じるのです。発達性トラウマは、あなたのエネルギーフィールドに存在し、次第にあなたはそのトラウマに反応するようになります。子どもの頃に起こった些細な出来事の記憶は、あなたが成長するにつれて、大きな問題となって姿を現すことがよくあります。

発達性トラウマは、霊的なエネルギーフィールドに宿り、少しずつ感情体や肉体に浸出していきます。あなたが強く反応したり嫌な思いをした出来事、言葉、行動はすべて、霊体の中にトラウマを生みだします。

エネルギーをよどみなく流すためには、発達性トラウマを解消しなければなりません。最良の健康状態と幸福感を維持するのに必要なすべての滋養を肉体が受け取るためには、このエネルギーの自由な流れが不可欠です。

ヒーリング手法の多くは、自分の問題に取り組むとき、その問題の原因を探すことを勧めています。それに従って、あなたは何らかの重要性を感じる事柄を探そうとするでしょう。結果、その問題と関係している事柄を発見し、あなたはそれに取り組みはじめます。そして、あなたはその事柄を思い浮かべては、それにまつわる感情を再体験するでしょう。

これが良い悪いと言っているわけではありません。ただ私が思うに、人は多大な時間とエネルギーを費やして肉体と感情体から大きな問題を解消しようとする一方で、問題の根本的原因である発達性トラウマにはあまり注意を払いません。

オルハイは大きな問題に重きを置きません。それよりも、あなたが蓄積してきた発達性トラウマに焦点を合わせます。あなたが身につけた感情の反応パターンを維持するにはエネルギーが必要ですが、発達性トラウマがエネルギーフィールドから解消されると、その必要なエネルギーが得られなくなります。トラウマを助長させるエネルギーがなければ、トラウマも消えはじめます。つまり、あなたが与えるエネルギーが少なくなればなるほど、そのエネルギーを必要としていたもの（トラウマ）があなたに及ぼす影響も小さくなります。

もう少しわかりやすくご説明しましょう。暖炉に薪をくべて火をつけると、その火を絶やさないように薪を追加していかなければなりません。薪をくべなければ、火はやがて燃え尽きてしまいます。これと同じことが、エネルギーにも言えます。何かに注ぐエネルギーを止めてしまえば、その何かもやがて消えていくのです。

オルハイ・ヒーリングは、痛みを伴うプロセスを意図していません。その目的は、単純かつ穏やかな方法で、あなたの不完全な部分を癒す手助けをすることです。自分の問題を分析する必要はありません。ただ、それらを中和する方法を学びましょう。問題の肉体的・感情的・精神的側面を深く探求するよりも、自己の存在の霊的レベルでの癒しに着手するほうが、はるかに簡単です。

発達性トラウマを解消する：魂が奏でる音

地上に降り立つ前、すべての魂は、今後どのような人生を送ることにするのか、それぞれ自分で決断します。一人ひとりが、その魂固有の進化を目指して、自分のカルマを解消でき、必要なレッスンを学べるような状況に生まれることを選ぶのです。そして、自分の成長に必要な両親を選び、その魂の波動と共鳴する名前をつけてもらえるよう、両親の耳元で静かにささやきます。

人は生まれたときに、両親あるいは後見人から名前をつけてもらいます。その名前は、あなたの個人のパワーを象徴していて、適切に用いれば、あなたが自分の神聖な本質と同調できるよう役立てることができます。

今日よく用いられているチャント（「オーム」など）は、あなたが宇宙の源と同調できるよう促すものです。一方、名前のように個人的なチャントは、その人固有の振動数を持ち、自身の進化と個人的成長とパワーの向上に直接関わってきます。

オルハイの目的は、あなたが個人のパワーを発見して、それと同調できるよう手助けすることにあります。個人のパワーは、あなたの魂が奏でる音、つまりあなたの名前とぴったり調和しています。人生のどこかの時点で名前を変えると、本来の振動数が変わってしまい、その人に負の影響を与えることがあります。自分の名前を嫌いだった人が、大人になって改名することもあります。ほかの名前が気に入ったので、誕生時につけられた名前の代わりに新しい名前を使うこともあるでしょう。

理解しておいて欲しいのですが、あなたに与えられた名前は、現在と過去のあなた自身を表しています。つけられた名前が気に入らないということは、あなたの魂とそのパーソナリティ（人格）が争っていることを示唆しています。魂とパーソナリティを調和させて、争いに終止符を打つことをお勧めします。バランスを整えるテクニックや視覚化、瞑想などを活用して、魂とパーソナリティを調和させてください。

名前の文字はそれぞれが波動を持っています。一つひとつの文字がつながって名前になるとき、その魂が自己を表現するための振動数が生まれます。カルマ的な課題、機会、ライフレッスンや人生経験はすべて、この特有の振動数と共鳴します。魂と、魂が求めている成長を尊重するためには、与えられた名前を尊重して使用しなければなりません。どうしても名前を変えたいという場合は、元の名前と似たようなものにし、元の名前と新しい名前の最初の二、三文字が一致するようにしましょう。さらに、それらの文字が持つ音の響きも同じか似たようなものにして、魂の成長に必要な波動を損なわないようにしてください。そうすると、今世に転生する前に魂が成長に必要だと決めていた経験が得られます。

＊適切な改名例を挙げます：

Sandra　→　Sally
Lois　→　Lola
Jacob　→　Jay

＊不適切な改名例を挙げます：

Jack　→　Jay

Jacob と Jack の最初の三文字は共通していますが、音が異なります。Jack の〝a〟は短音で、Jacob の〝a〟は長音です（訳註：Jack は【dʒǽk】、Jacob は【dʒéikəb】と発音）。

＊日本語の不適切な改名例も挙げておきます：

Yoko　→　Akemi
Sumie　→　Saori

両例ともに音も最初の三文字も異なり、まったく違う波動を持っています。

名前の意味

名前は、本人がその人生で経験しようと選んだ魂の課題と機会を表しています。純粋な女性的エネルギーとつながっていて、そのエネルギーが本人の内面と外面の両方を育んでいます。これは誕生と創造のエネルギーで、母性的（女性的）主導者とつながっています。そして、自分の欠点と穏やかに向き合うことで、それを受け入れる手助けをしてくれます。女性的エネルギーは、無償の愛の特質を備えていて、自身と他者を平等に敬う方法を教えてくれます。

一方、苗字は魂の外へ向かう表現を示していて、父性的（男性的）主導者とつながっています。純粋な男性的エネルギーは、物事を学んで達成するために、勇気と強さと忍耐力を持って人生を突き進めるよう助けてくれます。

母親の主な役割は、子どもが自己愛と自己価値を高められるよう励まし育むことです。父親の主な役割は、子どもが社会で生き抜くために必要なスキルを教えることです。

残念ながら、母親と父親が必ずしも元々意図していた通りに自らの役割を果たすとは限りません。だからと言って両親が悪いというわけではありませんが、両者が意図していた役割が果たされなかった場合、その子どもの男性的・女性的側面が何らかの影響を受けることがあります。健康と幸福感を実現するためには、その人の男性的エネルギーと女性的エネルギーの両方がバランスよく機能しなければなりません。

名前は、このバランスを整える手助けをしてくれます。ですから、名前を適切に用いれば、強力なヒーリングツールとなります。

これからお伝えするエクササイズは、名前を使って発達性トラウマを解消するためのものです。エクササイズは、いくつかのパートに分かれています。

自分の名前を唱えると、自分自身にパワーを与えることになります。あなたの名前は、あなたの魂の音です。声に出して名前を唱えると、その音があなたに向かって反響します。すると、意識して自分の振動数と共鳴しやすくなります。名前を唱えている自分の声を聞き、その名前が持つ波動が体をめぐるのを感じるとき、あなたは本当の自分を認めて受け入れています。

父母の名前を唱えると、あなたは彼らのエネルギーとつながり、そのエネルギーがあなたに与えてきた効果とも結びつきます。この「唱えるプロセス」を通して、霊体に蓄えられた不要なエネルギーを解放することが可能になります。不要なエネルギーは、呼吸を通して解放できます。

もし母親があなたに必要な滋養を与えてくれなかった場合、あるいは、父親が生存に必要なスキルを教えてくれなかった場合、あなたにはトラウマが内在しています。両親は、あなたの成長に必要なエネルギーを与えようと最善の努力をしてくれたのかもしれませんが、その方法があなたと同調するものではなかったという可能性もあります。その結果が、発達性トラウマとして現れます。

子ども時代に父母の影響を受けなかったとしても、彼らのエネルギーは依然としてあなたに影響を与えます。あなたの遺伝上の経歴と両親の血統は、あなたの一部を成していますす。父親あるいは母親のいない環境で育つと、心理的に大きな影響を受けることがあります。父親と母親の名前がわかるなら、それを活用してください。わからない場合は、子どもの頃の後見人や保護者の名前を活用しましょう。

発達性トラウマを解消する

立って、円を描くように部屋を歩きながら、腕、手、脚から穏やかに緊張を振り落とします。これを二十秒以上かけて行ってください。

目は開けたままで歩きましょう。

鼻から息を吸い、口から息を吐きながら、自分の名前の最初の二文字から三文字を声に出して唱えます。

音はリズミカルに、落ち着いたトーンで六回唱えてください。

円を描くように歩き続けながら、父親、あるいは子どもの頃に中心となって世話をしてくれた男性の保護者に少しずつ意識を移します。

彼の名前の最初の二文字から三文字を声に出して唱えます。

これを六回行います。

次に、母親、あるいは子どもの頃に中心となって世話をしてくれた女性の保護者に意識を向け、彼女の名前の最初の二文字から三文字を声に出して唱えます。

これも六回行いましょう。

最後にもう一度、自分の名前の最初の二文字から三文字を繰り返し唱え、自分の内にセンタリングできたと感じるまで続けます。終えたら、座ってリラックスしてください。エネルギーをあなたの内で落ち着かせましょう。一定のペースで深呼吸します。

注意：親や後見人の名前を唱えると、子どもの頃に培ったその人とのエネルギー的つながりが呼び起こされます。その人と関係する発達性トラウマがある場合、その名前を唱えることによって、そのトラウマが表面化します。自分の名前を唱えることに切り替えると、あなたが主導権を握って、エネルギーとして表面化したトラウマが中和されます。この「唱えるプロセス」は両親だけではなく、あなたの人生において影響力を持っていた人（友人、親戚、パートナーなど）の名前を用いて行うこともできます。

書くものを用意して、このプロセスで体験したことを書きましょう。体のどの部分に最もエネルギーを感じましたか？　体のどの部分のエネルギーが強く、どの部分が弱かったでしょうか？　自分の名前、父親の名前、母親の名前を唱えているとき、どのような思考や感情が浮かんできましたか？

「唱えるプロセス」の例

ナオコ（Naoko）という名前を例にとってご説明しましょう。ローマ字つづりの最初の二文字「ナ」という音を唱えます。

息が切れてきたら、再び息を吸い、吐く息に乗せて「ナ」と唱えます。

名前の音節、音などによって、唱える文字数が二文字の人もいれば三文字の人もいるでしょう。唱えてみると、何文字分が適切かわかります。

名前を発するときと同じように、その音を発しましょう。

例えば、ヨウコ（Yoko）という名前なら、「ヨォー」と〝O〟の音を強調します。

Larry という名前なら、「ラァー」と〝æ〟の音を強調します。

自分が正確に唱えられているだろうかと、心配しないでください。魂が、正しい音を教えてくれます。

このエクササイズは、あなたのエネルギーフィールドに影響を与えた人から蓄えた発達性トラウマを解消するためのものです。父親や母親に関連するトラウマを解消できたら、友人や親戚やパートナー、あるいはあなたが苦手だった人に関連するトラウマを解消するためにも、このエクササイズを行ってみましょう。

不安を解き放つ呼吸

唱えるプロセスを行っていると、違和感が浮上してくることがあります。これは、エネルギー体に記憶されていた感情的・精神的残留物によって引き起こされている可能性があります。この残留物は、そこから解消されるために表面化します。オルハイのエクササイズは、こうしたエネルギーを助長させるためのものではなく、そのエネルギーをあなたのエネルギーフィールドから解消するためのものです。オルハイ・ヒーリングは、あなたの問題に戻るための手法ではなく、あなたの問題から前へ進んでいくためのものです。

違和感が生じたら、次のエクササイズを行って、エネルギーフィールドを安定させてください。エクササイズを行うときは、必ず目を開け、脚を組まずに座って背筋を伸ばします。


鼻から息を吸います。

腰を曲げて、体を前へ折ります。エネルギーを腹部から上方へ運びましょう。

口を開いて、エネルギーを三度に分けて吐き出します（一度に吐き出しても構いません）。

腹部から口へ上がってくる空気を見て、感じて、考えてください。

力を込めて、口から空気を三度に分けて吐き出します。

三度に分けて吐き出すのが難しければ、ふつうに息を吸い、前にかがんで、腹部から口へと空気を運んで、一度で吐き出します。慣れてきたら、三度に分けて吐き出せるようになります。

「三度に分けて吐き出す」を一回《セット》とし、三回行ってください。合計三回を一つのサイクルとし、物足りない場合は、六回（二サイクル）まで増やしても構いません。

この呼吸法は、必ず目を開けて行ってください。

エネルギーがブロックされていると感じたときは、いつでもこの呼吸法を行ってください。ブロックされている部位に意識を向けて、呼気に乗せてそれを吐き出します。

押さえておくべきポイント

オルハイの詳しい説明に入る前に、特定の健康問題を助長させるエネルギーについて理解を深めるためのポイントを押さえておきましょう。エネルギーの軌道を正すと、その問題解決の手助けとなります。

能動的・男性的エネルギー

以下に挙げる健康問題のうち一つ以上に心当たりがある場合、あなたの能動的・男性的エネルギーがバランスを崩している可能性があります。

頻尿・軟便・下痢・痛みがある部位や傷口からの止まらない出血・抑えきれない咳

き込み
そのほか、自分では止められない症状

真の男性的エネルギーは力強く、ときにアグレッシブで、さまざまな状況において主導権を握っていると感じることを好みます。個人のパワーを誤用したり、ネガティブなやり方で力を行使したり、人生を強引に押し進めたりすると、「自分の手に負えない」健康問題を引き起こすことにもなります。

受動的・女性的エネルギー

以下に挙げる健康問題のうち一つ以上に心当たりがある場合、あなたの受動的・女性的エネルギーがバランスを崩している可能性があります。

便秘・痔疾・疲労・関節炎・痛風

そのほか持続性の痛みを起こしたり、エネルギーの流れをブロックする病気独り立ちしていなかったり、嘘をついたり、気に入らない状況を操ったりしていると、体の炎症を助長することがあります。その炎症の結果が、痛風や関節炎、滑液包炎などです。本人の許可なく人を救おうと手出しすると、手根管症候群や疲労感、便秘につながり、ときには痔疾が発症することもあります。

カルマのエネルギー：過去世の影響

精神的なカルマは、呼吸器系と神経系を通して現れます。

マインドを不適切なやり方で使っていた場合、今世で呼吸器系や神経系と関係する健康問題が生じることがよくあります。

感情的なカルマは、循環器系と血液を通して現れます。

自分自身の感情、または他者の感情を弄んでいた場合、今世で循環器系や血流に問題が生じることがよくあります。

身体的カルマは、筋肉系を通して現れます。
身体的なパワーを誤用していた場合、今世で筋肉系に問題が生じることがよくあります。

足に現れる症状
足に現れる症状は、例えば暴力など、物理的行為と関係するカルマを表しています。

脚に現れる症状
下腿（膝下から足首まで）は低次の自己を表し、大脚部（膝上）は高次の自己（ハイヤーセルフ）を表しています。下腿に現れる症状は、自己中心的な性格を示唆しています。大脚部に現れる症状は、霊的エネルギーの誤用を表しています。

生殖器系

生殖器系に現れる症状は、性的なレッスンを学んでこれなかったことを意味し、それが生殖器官の病気や不調の原因となることがあります。

消化器系

膵臓に現れる症状は、過去世における過剰な快楽主義や自己耽溺を示唆しています。

カルマを発見する

私たちは様々な人生サイクルを送る過程で、今世に影響を与えるようなカルマパターンを作ります。過去世で自分がどのようにエネルギーを用いていたかを発見し、それが今世においてどのような重要性を持つのかを知るためのエクササイズをご紹介します。

部屋をまっすぐ歩いてください。床を踏むとき、つま先は体の内側と外側のどちらに向いているでしょうか。歩くとき、体重はどのようにかかっているでしょうか。体のどちらかに体重がかかっている気がしますか？　片側にかかっているのなら、そちらにエネルギーが偏りすぎている可能性があります。エネルギーがどちらかに偏っていると、女性的側面と男性的側面のバランスが崩れます。

つま先が体の内側に向いている場合は、自分の進路を内に秘めることに過剰なエネルギーを注いできた可能性があり、もう少し外へ向けて表現する必要があります。つま先が体の外側に向いている場合は、自分の進路を探求することに過剰なエネルギーを注いできた可能性があり、これまでに学んだことを自分のものにするためにエネルギーを充分に使ってこなかったことを示唆しています。

このバランスの崩れを整えるためには、定期的な瞑想の習慣をつけると良いでしょう。

エネルギーを調和させるためには、まずかかとを床につけてから、つま先をつける歩き方を練習しましょう。かかと、つま先、かかと、つま先の順番です。最初はぎこちなく感じるかもしれませんが、この単純なエクササイズは、エネルギーをバランスよく配分する助けになります。

オルハイは、バランスの崩れと古いパターンを整えるための手法です。意識してこの歩き方を練習すると、あなたの歩みを支配している影響因子に気づきはじめます。これに気がつくと、あなたに影響を与える古いカルマパターンを解消するという意図を持って歩けるようになるでしょう。

集合意識の刷り込み

人がこの世を去ると、その魂は中間世へと移ります。そこには、エネルギーの振動数と魂の成長レベルが似ている魂たちが集まります。集まった魂たちは波動でつながっているため、思考やアイデアを共有できます。中間世はこの思考やアイデアで成り立っていて、魂がそこにいる間は、そうした思考から影響を受けています。これが集合意識の刷り込みと呼ばれるものです。

自分の長所短所を見つめなおして、次の転生でどのような人生コースを選ぶのかは、個々の魂が決定します。中間世にいる間、魂はそこにあるアイデアから非常に影響を受けやすく、たとえその魂固有の使命とそぐわないアイデアに対しても無防備になっています。共通点が多い魂同士であっても、それぞれの魂はユニークな存在なのです。

魂は、中間世で認識力・洞察力を身につけようと学んでいます。そうして学んだ認識力・洞察力をもって、魂は次の転生において自分の真の使命を全うする道を創りだします。

あなた自身の意識から生まれたものではない思考を尊重すると、明晰性が失われたり、混乱が起こることがよくあります。集合的思考の刷り込みは、あなた個人の魂の成長にふさわしくない状況へとあなたを導く可能性があります。思考を分析したり、それがあなた独自の思考かどうかを調べる必要はありません。大切なのは、思考が生まれる「場」とその周辺をクリアにしておくことです。あらゆるエネルギーは円を描くように動くため、あなたのものではない思考はすべて、その発信者へと戻っていきます。ですから、思考が生まれる「場」とその周辺をクリアにするために、光を視覚化し、あなたのものではない思考がその発信者へスムースに戻っていけるよう、そこを光で満たし続けましょう。

集合的刷り込みはすべて、あなたの霊的なエネルギーフィールドに存在しています。

オルハイを実践すると、元々あなたに属していたもの以外はすべて、自動的にエネルギーフィールドから解き放たれます。一定期間にわたってオルハイを続けていると、どれがあなた自身のもので、どれがそうでないのかが認識できるようになります。その気づきと共に、あなたの霊的エネルギー・ポイント（アクティベーションポイント：P75〜80、P120〜121参照）を活性化すると、刷り込みを変容させることができます。あなたの霊体に閉じ込められた刷り込みは、あなたの未来の創造を制限します。ですから、そうした数々の刷り込みを変容させると、運命の道筋を変えるチャンスが訪れ、あなたは無償の愛の波動と共に、新たな現実をうまく創造できるようになります。

エネルギーフィールド

オルハイ・ヒーリングセラピーは、エネルギーフィールド全体を活性化させる前に、そのエネルギーが弱っている側の修復に取り組みます。程度の差はあれ、人のエネルギーフィールドはどちらか一方に偏っています。弱っている側のエネルギーを修復すると、エネルギーフィールドのバランスが整います。

肉体の両側を均等にチャージするほかのヒーリング手法とは異なり、オルハイは、まず弱っている側に集中して、そこを穏やかに強化し、徐々に両側の強さが均等になるようにします。エネルギーフィールド全体を強化すると、もともと強かった方のエネルギーレベルが上がり、エネルギー不足の側との差ができてしまいます。肉体の片側のエネルギーがもう一方より強いと、バランスが整いません。エネルギーフィールドのバランスの崩れは、意識の偏りを示唆しています。バランスを整えるためには、その意識の偏りに取り組まなければなりません。

自分の強みと認識しているところが、実は弱みだったということもあります。例えば、多くの人は、私を自分の意見をはっきりと言える穏やかで強い人だと考え、私のエネルギーは体の右側（能動的・男性的役割）が強いのだろうと推測します。

しかし、次に紹介するエクササイズを行ったとき、私はパーソナリティは強いけれども、それと関係する体の右側（能動的・男性的役割）ではなく、体の左側（受動的・女性的役割）の方が強いということを発見しました。これは、どういうことでしょうか？　実は、私が日常的に実践しているワークは、直観的な性質を備えており、直観は、本人の女性的な側面と結びついているのです。

オルハイを実践して霊的なエネルギー・ポイントを活性化させるときは、まず以下のエクササイズを行って、エネルギーフィールドのどちら側が弱っているかを調べてみることをお勧めします。オルハイを続けていると、弱っている側が右へ左へ変動し、やがてエネルギーが安定してきていることに気づくでしょう。この変動は、あなたのエネルギー体と肉体の中で起こっている浄化によるものです。エネルギーの偏りを発見するために、以下のエクササイズを行ってください。

エネルギーの偏りを発見する

足を少し離して立ち、腕は両側でリラックスさせます。

両腕をゆっくりと横向けに持ち上げて、維持します。

腕をしっかり伸ばそうと力を入れないでください。

片側の腕や手に何らかの感覚が起こるまで、腕をその高さで保ちます。

痛み、くすぐったい感覚、重さを感じる人もいるでしょう。その部位（腕や手）に注意が引きつけられるような感覚があるかどうか、注意を払ってください。


何らかの違和感に気づいたら、すぐに腕を下ろしましょう。

その瞬間に先に下ろした方の腕が弱っている側です。従って、霊的エネルギー・ポイントすべてを活性化する前に、その弱っている側をチャージしなければなりません。*

本来、オルハイは体には触れない手法ですが、オルハイに慣れるまでは、チャージが必要な部位を確実に把握できているか確かめるために、エネルギー・ポイントに触れても構いません。

では、体の右側が弱っていたとしましょう。右側をチャージするために、左手の人さし指で体の前面にある右肩関節のへこみを軽く押さえて、十秒数え、離して五秒数えます。

体の左側が弱っていたならば、右手の人さし指で、体の前面にある左肩関節のへこみを押さえます。これを何度か繰り返しますが、押さえるたびに力を強めていってください。押して離して、押して離してを繰り返します。

正しい部位を押しているか確信できない場合は、その部位周辺を強めに押して、痛みがあるところを見つけましょう。

痛みがある部位は、エネルギーの消耗を示しています。その部位を見つけたら、押して離してを繰り返し、痛みが感じられなくなるまで続けてください。その部位を押さえながら、自分の名前を声に出して唱えても良いでしょう。その部位にエネルギーを与える手助けになります。名前を唱えるのは必須ではありませんが、そのアクティベーションポイントの活性化を後押しできます。

両肩の部位は、後述する七つのアクティベーションポイントに含まれます。

＊エネルギーの弱っている側を見つけるテクニックの別ヴァージョン（著者より）
タイマーを用意し、片方の腕を横向けに持ち上げて保持し、何らかの違和感を覚えたら下ろします。保持できた時間（秒数）を記録し、もう片方の腕でも同じように行います。保持できた時間が短いほうが、エネルギーが弱っている側とのことです。

守るべきルール

私たちが神に向けるエネルギー量は、自らに向けるエネルギー量をはるかに上回っています。神（スピリット）を敬うのなら、自分自身も敬わなければなりません。なぜなら、私たちは神聖なる源の輝きそのものだからです。自分を癒すためには、自分の全体性を尊重し、直観を信頼しなければなりません。オルハイは、自分自身と内なる知恵を信頼するために必要な勇気を与えることで、癒しを強化します。

自分自身、あるいは人にオルハイを行う場合は、以下のガイドラインに従ってください。

愛ではなく、スピリットを送りましょう。

人が認識している愛は、スピリットが認識している愛と異なる可能性があります。人の愛は、感情を土台にしています。スピリットから見た愛は、無償の愛です。霊的ポイントを活性化するときは、スピリットをあなたの内に流れさせましょう。

愛の役割は、人生を支えることであって、人生を助けることではありません。

あらかじめ予想した結果からは頭を切り離して、あなたの内で輝く光（＊パートナーにオルハイを行う場合は、相手の内に輝く光）を維持してください。その光に意識を集中します。そうすることで、光の輝きが増し、あらゆる不完全なものを照らします。

神（スピリット）を探し求めようとするのではなく、心配事を手放して、内面を静め、神が背後から入ってくるのをゆるしましょう。

少しの間立って、背骨の基底部から入ってくる神のエネルギーのことを考えてください。このエネルギーが脊柱を上ってくるようなイメージで、エネルギーを受け入れましょう。本来のあなたの根幹には神が存在し、あなたを支える土台となってくれています。アクティベーションポイントを活性化する前、あるいは緊張感や不安、混乱を感じるときはいつでも、このエクササイズを行ってください。

椎間板には、今世あるいは過去世で起こった出来事すべての記憶が刷り込まれています。神（スピリット）のエネルギーは、この刷り込みを変容させる手助けをしてくれます。

感情的なこだわりを手放して、あなたの内でスピリットを踊らせましょう。

自分自身や他者の健康と幸福に対する感情的なこだわりは、無意識のエゴが支配していることがあります。欲望も、感情的なこだわりです。感情的なこだわりを持つのは人間であって、スピリットではありません。

ヒーリングプロセスをあれこれ判断したり、妨害しないでください。

問題に注意を向けると、その問題を強固にします。思考には必ずエネルギーが伴います。

「不安でいることの安心感」を捨てましょう。

人にオルハイを行う場合のルール

右手の人さし指でエネルギーを送ります。

指をさすという動作は、エネルギーフィールドを突き抜けます。何かに向けて指をさすと、その先から凝縮したエネルギーが放たれます。誰かに指をさされたら、気分が良くないのはそういった理由からです。ただし、通常時に指をさされると気分が悪いものですが、オルハイを実践しているときは別です。

エネルギーがエネルギーフィールドを貫通すると、滞ったエネルギーを取りのぞき、癒しを起こすのに必要なエネルギーの通り道（エネルギーチャンネル）を開くことができます。

体に触れないでください。

オルハイはエネルギーを活用するテクニックで、体に触れることを必要としません。滞ったエネルギーを緩めるために、指をさす、指を鳴らす、手をたたくなどの動作を取り入れています。

オルハイは「対等であること」に努めます。

オルハイを行う側（以下「ヒーラー」）は、オルハイを受ける側（以下「パートナー」）と常に目線を合わせましょう。エネルギーと対等感をバランスよく交換するためです。パートナーが座っている場合は、ヒーラーも正面に座ります。パートナーが立っている場合は、ヒーラーも正面に立ちます。「対等感」が大切だからです。パートナーが横たわっているのに、ヒーラーが相手を見おろすように立っていたら、パートナーは内面を見つめる代わりに、ヒーラーの指示をあおいでしまうかもしれません。見おろされると、気後れする人もいます。すると、両者の間で対等感を確立するのが難しくなります。

分析的なマインドには休んでもらって、霊的なマインドに目覚めてもらいましょう。

パートナーとオルハイに取り組む場合は、相手に対するあなたの個人的な認識に惑わされないよう気をつけ、相手が自分自身を認識できるよう任せましょう。相手の認識を尊重して、どの部位でエネルギーが滞っているのか、どのポイントに集中的に取り組む必要があるのか、聞いてみてください。それがあなたの認識とは異なる場合でも、相手の言っていることを尊重してください。

オルハイは、他者に関する自分の認識を共有することをお勧めしません。オルハイ・ヒーリングは、人の内面に対等感を高めて、本人にパワーを与えるためのものです。相手の知恵に自信を与えて、本人が自分で責任を持ってそのヒーリングプロセスに取り組めるよう任せたとき、はじめてパワーが芽生えます。相手にアドバイスを与えたり、相談に乗ったりすると、その相手の不安を増大してしまうだけです。アドバイスを与える側が、自分のエゴを助長させてしまうこともあります。

色と音

色や音は、宇宙を構築する能動的な創造力です。色や音を活用して病気に関係する濃密な物理的エネルギーを変容させる場合は、高次の世界とダイレクトにつながっている色を用いるようにしましょう。七つのアクティベーションポイントと関係する色は、霊的な意味のみならず霊的な振動数をも有しています。これらの色はそれぞれが明白な性質を持ち、人の肉体ではなく霊体と共鳴しています。

オルハイのアクティベーションポイントと関係する色は、各ポイントの霊的エネルギーフィールドとのみ共鳴しています。七つの基本チャクラの色とは異なります。チャクラセンターは、肉体・感情体・精神体・霊体と相互に関係しています。

アクティベーションポイント

第一アクティベーションポイントは首の付け根にあります。あらゆる過去世の記憶はここに保存されています。この記憶センターには、あなたの今世と過去世の刷り込みがすべて内在しています。ここにある不健全な刷り込みを解消するために用いる色は、明るい黄色です。黄色は、スピリチュアルな知性を表す色です。このアクティベーションポイントに黄色を用いると、スピリチュアルな知識が目覚めます。

（＊アクティベーションポイントの位置は、Ｐ78～80、色は、巻頭の口絵２をご参照ください。）

第二アクティベーションポイントは、背骨の基底部にあります。ここは、あなたの生存のためのセンターで、神の生命力を宿しています。ここに用いる色は濃い赤色です。赤は、神の活力を表す色です。ここに赤を用いると、肉体と循環系を再生できます。生存センターが活性化すると、記憶センターに過去世の混乱を解消するための力を与えます。

第三・第四アクティベーションポイントは、背中の肩甲骨の横（訳註：両肩のあたり）にあります。ここに用いる色はオレンジです。オレンジは、黄色（知性）と赤（神の生命力）を組み合わせた色です。この二つのポイントが活性化すると、左側のポイントが真のスピリチュアルな知性を受け入れるために開き、右側のポイントがその知性を外部に発信します。

第五アクティベーションポイントは、脚部から中背部に至る腹部の小さな中空管を指し、体内のエネルギーの通り道（エネルギーチャンネル）を活性化します。このチャンネルが開くと、エネルギーが流れはじめ、チャンネル自体を変容させて元の波動へと戻ることが可能になります。ここに用いる色は、銀色がかったグレーです。この色は、人間の影の部分を表すと同時に、神（宇宙）の意識を表しています。影の部分が体内で押し上げられると、パワーセンター（第六アクティベーションポイント）でそれを変容させることが可能になります。

第六アクティベーションポイントは、胸郭と太陽神経叢の間にあります。ここは、霊体のパワーセンターで、用いる色は金色です。金色は知恵を表し、最も純粋な形で顕現するパワーと関係しています。この色は、霊的なエゴの色でもあります。このポイントを活性化すると、潜在意識下にある影の部分が変容し、個人のパワーが高まります。

第七アクティベーションポイントは、両目の間の額上にあります。ここに関係する色は、乳白色です。白は意識の純粋性を表し、はっきりと見ることを促進します。このセンターを活性化すると、クリアな視覚と霊的理解が確立します。

《 主要アクティベーションポイントの位置：働き：色 》

＊色は、巻頭の口絵２をご参照ください。

1　第一アクティベーションポイント：首の付け根（顎下）
　　：記憶センター：黄色
2　第二アクティベーションポイント：背骨基底部（恥骨）
　　：生存センター：赤
3　第三アクティベーションポイント：左肩：スピリットの
　　受け入れ：オレンジ
4　第四アクティベーションポイント：右肩：スピリットの表現
　　：オレンジ
5　第五アクティベーションポイント：腹部の中空管
　　：エネルギーの流れ：銀色がかったグレー
6　第六アクティベーションポイント：胸郭と太陽神経叢の間
　　：パワーセンター：金色
7　第七アクティベーションポイント：額中央：クリアな視覚
　　：乳白色

主要アクティベーションポイントの図

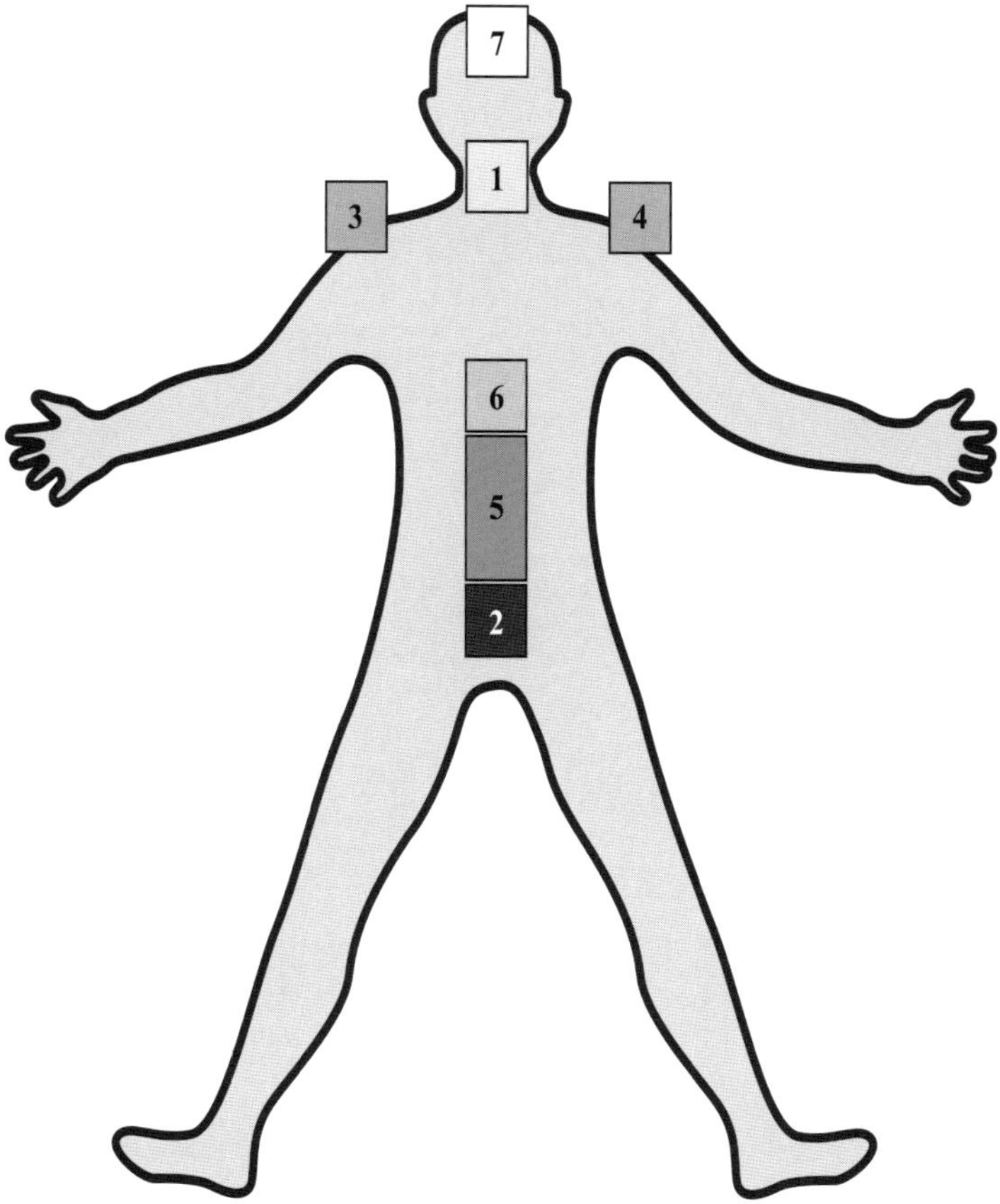

主要アクティベーションポイントの側面図

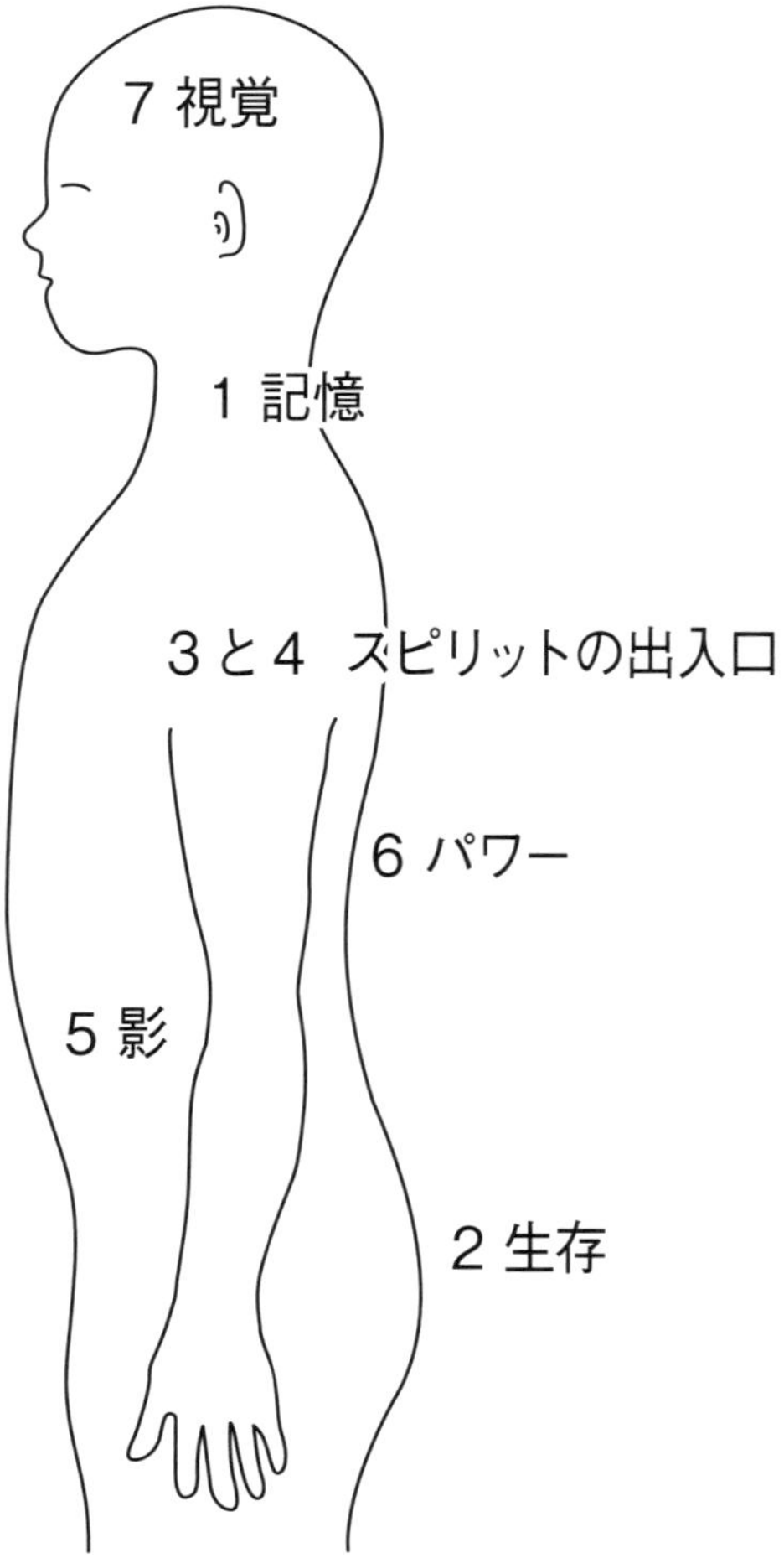

はじめましょう

自分にオルハイを行う場合は、体の背面から前面にアクティベーションポイントが伸びているイメージで行ってください。体の前面からアクティベーションポイントを指さす方が、行いやすいでしょう。

体の左右のどちらが弱っているかわかったら、背筋を伸ばして座るか立つかしましょう。腕も足も組まないでください。

右手の人さし指で、弱っている側の肩を指さします。右側が弱っているのなら、右肩を指さしてオレンジ色を送りましょう。左肩が弱っているのなら、そちらを指さしてオレンジ色を送ります。弱っている側が充分にチャージできたと感じるまで続けてください。

ちゃんとできているだろうか、と心配しないでください。重要なのはテクニックではなく、あなたの意図です。このテクニックは、不完全な部分を癒す魂の手助けをする促進剤のようなものです。実際の仕事をしてエネルギーを適切に導くのは魂です。

オルハイを純粋に楽しみ、自分のやり方に対するこだわりを捨ててください。

自分の名前を唱えれば唱えるほど、パワーが湧いてきます。オルハイで最良の効果を得るためには、アクティベーションポイントの活性化に取り組んでいないときでも、日々、名前を唱えてください。

本ワークブックで述べているテクニックは、部分的あるいは全体的に修正を加えても構いません。**ただし、アクティベーションポイントとそれぞれに対応する色、先述した「守るべきルール」は変更しないでください。**

オルハイをはじめる前に、次の指示に目を通しておきましょう。

アクティベーションポイントは、あなたの霊的エネルギーを表し、その霊的エネルギーと魂の知恵との結びつきを象徴しています。そのため、純粋な意図を維持しながらアクティベーションポイントを活性化すると、あとは魂がプロセスを主導してくれます。自分を労りながら、このプロセスを楽しんでください。

オルハイは難しい手法ではありません。その目的は、本来の自分であることの喜びへとあなたを導くことにあり、あなたの肉体・感情体・精神体・霊体に蓄積したネガティブな残骸物を根こそぎ変容できるよう手助けすることにあります。

あなたの名前の各文字はアクティベーションポイントと対応しています。一文字目は第一アクティベーションポイントと共鳴し、二文字目は第二アクティベーションポイントと共鳴……と続きます。各ポイントに対応する文字の音を唱えると、あなたのオーラ内の偏りが解消されます。この解消が癒しを促します。アクティベーションポイントは七つですが、名前の文字数が七つ以下の場合は、使われている文字だけを唱えるか視覚化してください。例えば、Sallyという名前は五文字です。それぞれが対応するポイントで、その文字を言います。残った第六・第七アクティベーションポイントでは、それぞれに対応する色を視覚化してください。

名前の最後の文字とそれに対応するアクティベーションポイントは、あなたが今世で得る機会と取り組む課題を教えてくれます。例えば、名前が四文字の場合、今世での機会と課題は、第四アクティベーションポイントの特質と対応しています。各ポイントの特質を再確認しておきましょう。

オルハイの実践

自分にオルハイを行う場合

まず、気を楽にしてくつろぎましょう。

体の左右どちらが弱っているかを見つけます。

何度か規則正しく深呼吸して、マインドをリラックスさせます。

息を吸い、吐きながら魂の音（名前）を三度唱えます。

では、第一アクティベーションポイントに集中して、名前の最初の一文字を発するか視覚化します。

その方が集中できるのなら、右手の人さし指で第一アクティベーションポイントを指さしながら行っても良いでしょう。体の前面にある顎下を指さしながら、黄色を送ります。

次に、骨盤付近の第二アクティベーションポイントに集中あるいはそこを指さしながら、名前の二文字目を発するか視覚化し、赤色を送ります。

左肩の第三アクティベーションポイントに集中あるいはそこを指さしながら、名前の三文字目を発するか視覚化し、オレンジ色を送ります。

右肩の第四アクティベーションポイントに集中あるいはそこを指さしながら、名前の四文字目を発するか視覚化し、オレンジ色を送ります。

第五アクティベーションポイントを活性化しながら、名前の五文字目を発するか視覚化します。このポイントは体を通る中空管で、胸郭まで伸びています。ここを活性化するときは、そこに指で想像上の線を引くようにして、中空管の下から第六ポイントへ向けて銀色がかったグレーを送ります。

太陽神経叢と胸郭の間に位置する第六アクティベーションポイントに集中あるいはそこを指さしながら、名前の六文字目を発するか視覚化し、金色を送ります。

両目の間の額上にある第七アクティベーションポイントに集中あるいはそこを指さしながら、名前の七文字目を発するか視覚化し、乳白色を送ります。

次に挙げる例は、名前の文字と対応するアクティベーションポイントに関する説明です。

例えば、"Markという名前は四文字です。最後の文字〝k〟は、第四アクティベーションポイント（右肩）に対応しています。今回の転生で、Markは「与える」ことを表す第四アクティベーションポイントを拠点にすることになっています。すなわち、自分自身や他者に与えるもの、そしてその与え方がこのポイントに関係する課題と機会を表しています。与えすぎると、相手のためになりません。出し惜しみすると、自己中心性を生みだします。

一文字目のMは首の付け根に対応：ここのオーラから偏りを取り除きます。
二文字目のAは背骨の基底部に対応：ここのオーラから偏りを取り除きます。
三文字目のRは左肩に対応：ここのオーラから偏りを取り除きます。
四文字目のKは右肩に対応：今回の転生における課題と機会。

Carolineという名前は八文字です。アクティベーションポイントは七つしかありませんが、この場合、八文字目の〝E〟は、最初に戻って第一アクティベーションポイント（首の付け根）に対応します。

一文字目のCは首の付け根（喉）に対応：ここのオーラから偏りを取り除きます。
二文字目のAは背骨の基底部に対応：ここのオーラから偏りを取り除きます。
三文字目のRは左肩に対応：ここのオーラから偏りを取り除きます。
四文字目のOは右肩に対応：ここのオーラから偏りを取り除きます。
五文字目のLは中空管（影）に対応：ここのオーラから偏りを取り除きます。

六文字目のＩはパワーセンターに対応：ここのオーラから偏りを取り除きます。
七文字目のＮは両目の間に対応：ここのオーラから偏りを取り除きます。
八文字目のＥは首の付け根に対応：今回の転生における課題と機会。

名前の最後の文字と対応するアクティベーションポイント（以下「個人のパワーセンター」）は、今世におけるあなたの個人のパワーと関係しています。そのアクティベーションポイントをバランスよく活用すると、課題を機会へと変えることができます。

個人のパワーを司るポイント

首の付け根に位置する第一アクティベーションポイントがあなた個人のパワーセンターである場合、あなたの課題と機会は、今世における記憶とその記憶の適切な活用法に関係しています。

第二アクティベーションポイントがあなた個人のパワーセンターである場合、あなたの課題と機会は、この地上での生存と、この物質界における神（スピリット）の顕現に関係しています。

第三アクティベーションポイントがあなた個人のパワーセンターである場合、あなたの課題と機会は、スピリットおよび他者からの助けや成長の糧を受け取ることに関係しています。

第四アクティベーションポイントがあなた個人のパワーセンターである場合、あなたの課題と機会は、適切に与えることと関係しています。

第五アクティベーションポイントがあなた個人のパワーセンターである場合、あなたの課題と機会は、ネガティブな感情や、過去世・今世に蓄積された残骸物を変容させることと関係しています。

第六アクティベーションポイントがあなた個人のパワーセンターである場合、あなたの課題と機会は、パワーを正しく用いることと関係しています。中空管からパワーセンターへと流れる、変容したエネルギーをいかにうまく活用できるかが、あなたの課題と機会になります。第六アクティベーションポイントは、あなたが魂の意図と同調して、その意図を自分の言動や思考すべてにおいて表現することを求めます。

第七アクティベーションポイントがあなた個人のパワーセンターである場合、あなたの課題と機会は、クリアな視野、判断しないこと、思いやりと関係しています。

あなたにどのような課題があるにしても、熱意と喜びを持ってそれに取り組むことを忘れないでください。そうすることで、より素晴らしい見返りがあり、苛立ちや欲求不満も減少します。

オルハイを他者に行う場合

ヒーラーは、パートナーの向かいに同じ目線の高さで座ります。相手が立っている場合は、一緒に立ちましょう。オルハイの目的はヒーラーとパートナーが対等な立場でいることです。

互いの目を見つめ合って、声に出して次のように言います。「あなたの内面の光を認めます」。それぞれが交互に、三回唱えましょう。

次に、ヒーラーはパートナーのハートに視線を集中させて、声に出して言います。「あなたの内面の愛を尊重します」。今度はパートナーがヒーラーのハートに視線を集中させて、声に出して言います。「あなたの内面の愛を尊重します」。これも、交互に三回唱えます。

パートナーは心の中で自分の名前を唱えましょう。その間に、ヒーラーはアクティベーションポイントを活性化します。

ヒーラーは右腕を伸ばして、人さし指でパートナーの各アクティベーションポイントを指さします。

各ポイントと対応する色が指先から放たれる様子を視覚化するか、思い描きます。

すべてのポイントを活性化し終えたら、頷くか合図をして、パートナーに活性化の終了を知らせましょう。そこでパートナーは名前を唱えるのを終えます。

パートナーが違和感をおぼえている場合は、浄化の呼吸をしてもらいます。先述したように、息を吸って、三度に分けて吐き出してもらいましょう。

どこかにエネルギーが滞っていると感じるか、パートナーに聞いてください。

まだエネルギーが滞っていると言われたら、相手の言葉を尊重して、その部位に最も近いアクティベーションポイントを再活性化します。

その部位を指さして再活性化したら、手を二回たたいて滞ったエネルギーを放ちます。指さして、手拍子二回です。他にもエネルギーが滞っている部位があるのなら、同じように繰り返します。

手拍子の音は、エネルギー体に衝撃を与えて、エネルギーの流れに必要な力を生みだします。

相手のエネルギーに関するあなたからのコメントは控えてください。自分のエネルギーのことは本人が一番よく知っていると伝えましょう。何が起こっていると思うか、パートナーに聞いてみましょう。

このエクササイズは、相手にパワーを与えます。パートナーも次第に自分の内なる知恵を信頼しはじめるでしょう。

注意：本ワークブックでご案内しているテクニックは、定期的に行ってください。例えば、パワフルに一日を始めるためのテクニックもあります。毎朝、自分の名前を唱えて、鏡に映る自分を見つめながら「私は（自分の名前）を愛している」と数回唱えましょう。

アクティベーションポイントを活性化する前に、＊その前に紹介した一連のテクニックを最低二週間、行ってください。その二週間は、細胞レベルで起こっている浄化に肉体と感情体が慣れるための時間です。

＊その前に紹介した一連のテクニック
「思考を立て直すテクニック」、「発達性トラウマを解消するテクニック」など。

まず意識をシフトさせることが大切です。それをせずにアクティベーションポイントを活性化しはじめると、オルハイによる最良の効果を得ることができません。さらに、エネルギーの活性化を急ぎすぎてしまう可能性もあり、肉体的な違和感につながることもあります。もし、肉体に違和感が生じた場合は、名前を唱えて、エネルギーフィールドを安定させて再び調和させてください。

オルハイは、痛みを伴うプロセスではありません。細胞レベルでの刷り込みや発達性トラウマ、カルマの影響から穏やかに抜け出せるようあなたを導き、分析的なマインドから自由になるための手法です。そうすることで、あなたが霊的に受け継いできたものと再びつながり、こだわりを捨てて、今ある自分と争い続けるのではなく、本来の自分を楽しめるよう導かれます。

オルハイは、自身の癒しに責任を持つことを求めます。そうすることで、到達しうる最高の自分になるためのパワーを得られます。

オルハイの効果は、明白でありながら小さなものかもしれません。オルハイは、細胞レベルでのシフトを促しますが、本人はそれに気づいていないこともあります。焦らずに実践してください。この手法をしっかりと把握するための時間を割いてから取り組み、オルハイの理解と経験を深めましょう。定期的に実践すれば、求めていた結果を得られるはずです。

オルハイ・ヒーリングセラピー：レベル2（上級編）

ここからは、オルハイをあらゆる方面から段階を追ってご案内し、これまでに学んだテクニックを強化していきます。オルハイは、継続的に変化を起こすプロセスです。日々、定期的に実践することで、可能なかぎり最高のレベルで細胞を浄化できます。

レベル1では、自分が共鳴するテクニックを用いてもらいました。あなたが真面目に取り組んでこられたのなら、ここからは共鳴しなかったテクニックも活用しはじめることをお勧めします。理由は簡単です。

人はしばしば、何らかの物事に惹かれるものですが、それは自分が安心感をおぼえる範囲内のものです。そうと意識していない場合でも、快適だと感じられるものに惹かれています。快適に感じないものは、根深いパターンや信念と関係しています。根深い問題が浮上してくると、それは本人のエゴ（パーソナリティ）にショックを与えて、エゴが知覚している現実から抜け出させようとする傾向があります。エゴ（パーソナリティ）は、本人のパターンや信念や支配願望を握っているため、私たちは自分で創りだしたイメージを中和して、魂の真のイメージへと戻るために最大の努力を払わなければなりません。

オルハイで最高の効果を得るためには、楽しめるテクニックばかりを行うのはやめて、気がすすまないテクニックにも着手しましょう。すると、未解決の問題が浄化されやすいように浮上してきます。本セラピーのコースにてご紹介しているテクニックはすべて、あなたのエネルギーフィールドを調和させるためにあります。

これまでに行ってきたテクニックによって、あなたのエネルギーフィールドは、オルハイの変容を起こす本質を受け入れる準備が整いました。さらに進んで、共鳴しなかったテクニックにも取り組み、調和と理解をレベルアップさせましょう。

レベル1で述べたテクニックをすべて実践された方は、今度はそれぞれを同じ時間をかけて行うか、いくつかのテクニックを選んで取り組んでください。*

あなたは、「自分のことはわかっているし、自分の問題もすべて把握している」と感じているかもしれませんが、私の場合でも、このオルハイを指導する許可を得るまでに、何年もの実践期間が必要でした。昔、私のガイドであるアライアに言われたのですが、私の潜在意識下には、霊的な進化を進める前に浄化すべきパターンや記憶の制限がありました。そうした潜在意識下のパターンを客観的に見直して、それらを手放すという意識的な選択ができるようになるまで、私は何年もかけて、自らの行動や信念や内面を観察しなければなりませんでした。そうした観察とパターンの解放を行った結果、やっと自分を魂として意識できるようになったのです。

ネガティブな思考を一つでも持っていたり、ネガティブな行動を一度でも取ってしまうという方は、まだ無意識のパターンをすべて浄化できていないということです。ネガティブな思考や言動は、他人のみならず、自分にも影響するものです。もし自分を厳しく批判するという傾向があるならば、あなたは喜びを受け取る器を自ら小さくしています。喜びを制限するということは、まだ変容させるべきパターンがあなたに内在していることを示唆しています。

＊いくつかのテクニック（著者より）
例えば、自分の好きなテクニックと、気がすすまないテクニックを一つずつ、など自分で選んでください。というのも、好きなテクニックと苦手なテクニックを行うことで、「無意識に抱えていた不安を克服できるから」とのことです。

エゴ

人生の喜びを拒んでしまう理由の一つは、エゴが苦悩を好むからです。人が苦しんでいるときに、エゴは支配権を握るチャンスを得ます。人類にエゴというものが芽生えたのは、私たちが純粋な意図から外れて、他者と競争をしはじめたときです。

エゴは複数の顔を持ち、目の前の状況に応じて多数の役割を演じます。その特技は、あなたの注意を愛からそらすことです。しかし、エゴにはエゴの目的もあります。三次元世界に暮らす間、私たちはエゴを必要とします。エゴなしに他者とコミュニケーションを図ることはできません。エゴは、その人にパーソナリティ（性格）というものを与えてくれます。性格は、世間と関わるための手段なのです。

人は、状況や他人や自分自身に対して何らかの意見を持つものです。その意見を観察して、それに対する執着（感情的なこだわり）を培わなければ、中立的な立場でいられます。中立的な立場とはまさに、スピリットが存在するところです。

自分の意見に強い執着を持ち、その執着に促されて、自らの主義主張のために争ったり、他者の信念体系を批判したりしているとき、内面の奥底でエゴが支配権を握っています。強い執着心は、エネルギーを充満させて抵抗を生みだし、それが結果として、無条件の愛の波動が人のあらゆる言動や思考に流れるのを制限してしまいます。

何かを行うときは喜びから行ってください。何かを考えるときは喜びから考えてください。そして誰かを助けるときは喜びから助けてください。見返りや称賛を期待して誰かに手を貸すとき、あなたは純粋な喜びのエネルギーから手助けをしていません。それは、エゴが動いているのです。

「自身の思考や感情にどれだけの注意を払っているか」ということに注意を払ってください。

一つの思考や感情に対して注意を払うのは、約二十秒間が適当です。それ以上の時間、気を取られるということは、恐らく、あなたの思考あるいは感情を支配している内面のプログラムが存在するということです。これは、スピリットにも当てはまります。神（スピリット）に固執するということは、虹をつかもうとして貴重な時間とエネルギーを費やしているようなものです。あなた自身が虹であるということに気づいていないのです。

すべての存在に言えることですが、ネガティブなプログラムを変容させたいならば、自分自身に内在する神に気づいて受け入れることが不可欠です。

オルハイの目的は、古いパターンや信念を浄化して、執着のない場に移ることです。だからと言って、物事を感じられなくなったり、何かに対して意見を持てなくなったりするということではありません。あなたは思考や感情が支配する世界に住んでいます。個人的な思考や感情なしでは、三次元における支配的な力とのバランスを崩してしまいます。

ここで提案しているのは、様々な状況に対して猛烈なエネルギーを持って反応しないことです。単なる観察者となって、万物の中に光を見出すことを選びましょう。観察することは、物事を分析することではありません。マインドを静めて、光にゆだねることを意味します。あなたの個人としての進化にふさわしくない状況や物事を正そうとコントロールするのは止めましょう。コントロールしたいという欲求を手放すことを意識的に選ぶようにしてください。

どうしてもコントロール願望を手放したくないと言うのなら、そのエネルギーを建設的に活用して、状況に対するあなた自身の感情的反応をコントロールしてください。猛烈なエネルギーは、あなたの心を奪う状況へと導こうとするでしょう。すると、ファンタジーの不思議な世界が開きます。ファンタジーは逃避となり、やがて自ら創り上げた真実へとなり変わります。

一方、あなたの感情面に影響を与える思考や行動すべてに知恵を活かすことで、共感のエネルギーが現れます。ここで言う知恵とは、あなたが置かれた状況の全体像を理解する能力のことです。自らの思考や感情に惑わされて慌てて行動するのではなく、状況を見極め、そこにある光を認めましょう。その目的は、猛烈なエネルギーを昇華して、共感へと変容させることです。そうすると、エゴの頑なな性質が、高次の表現に変容します。

何か問題を抱えているのなら、それに自分がどれだけエネルギーを注いでいるか見つめてみましょう。そしてそのエネルギーの方向転換をしてください。エネルギーを中立的な場へ移し、それが自発的に消散するようゆだねてください。似たような悟りの言葉を耳にしたことがあるかもしれませんが、あなたはそれに注意を払い、従っていますか？

人類の進化はだんだんとゴールに近づいてきています。救済は、日常にある純粋な光を受け入れ認めるところに存在します。

気づきを得るためには？　本来の自己が持つ知恵を、純粋な気持ちで迎え入れるだ

けでいいのです。

オルハイは、すばやく悟るための処方箋ではありません。悟りを得たいという感情的欲求はエゴのものであって、スピリットの欲求ではありません。スピリットはすでに、あなたを悟りに達した存在として見ています。

あらゆる生命体の全体性を敬い、人生に現れるあらゆる状況を尊重するとき、人は魂を進化させて神（スピリット）の家へ戻るという意識的な選択をしています。

これからご紹介するエクササイズは、二つのパートに分かれています。一つ目は、レベル１ですでに学んだことです。上級エクササイズは、レベル１の拡大版です。エクササイズによっては、独自のアイデアを活用して終了しなければならない場合もあります。自分のアイデアを活用すると、パワーを得られます。なぜなら、創造力を用いて、自らのアイデアを行動に移すことになるからです。自らのヒーリングに積極的に関わろうとすればするほど、その効果も大きくなります。

名前と苗字を組み合わせる

名前の最初の二〜三文字は、あらゆる不均衡を霊的レベルで癒すために役立ちます。名前は女性的主導者に起因し、苗字は男性的主導者に起因しています。父親は男性的エネルギー、つまり行動力の象徴です。名前の最初の二〜三文字を発して、次に苗字の最初の二〜三文字を発すると、男性的エネルギーの力を、最も深い細胞レベルで変化させます。Sally Baldwinという名前を例にとってみましょう。

姓名の最初の二文字〝Sa〟と〝Ba〟を合わせると、発する音は「サアァアバァアア」となります。実際に行ってみると、使うべき文字は二文字か三文字なのか、直観的にわかるでしょう。名前と苗字を一つの音として組み合わせると、より効率的に変化を起こすことができます。

オルハイに用いるシンボル

十字

両腕を横に広げて立つと、十字ができます。この十字は、過去と現在の人生経験のエネルギーを握っています。横のラインは人の意思を表し、縦のラインはスピリットの意思を表しています。また、左右のラインは*人の意思の表現法を示しています。十字の左側は過去世に関係するエネルギーを、十字の右側は現在と未来の人生に関係するエネルギーを握っています。

*人の意思の表現（著者より）
「人の意思の表現」とは、例えば「自分がどのようにエネルギーを受け取り、どのようにエネルギーを外へ発しているか」を示しているとのことです。

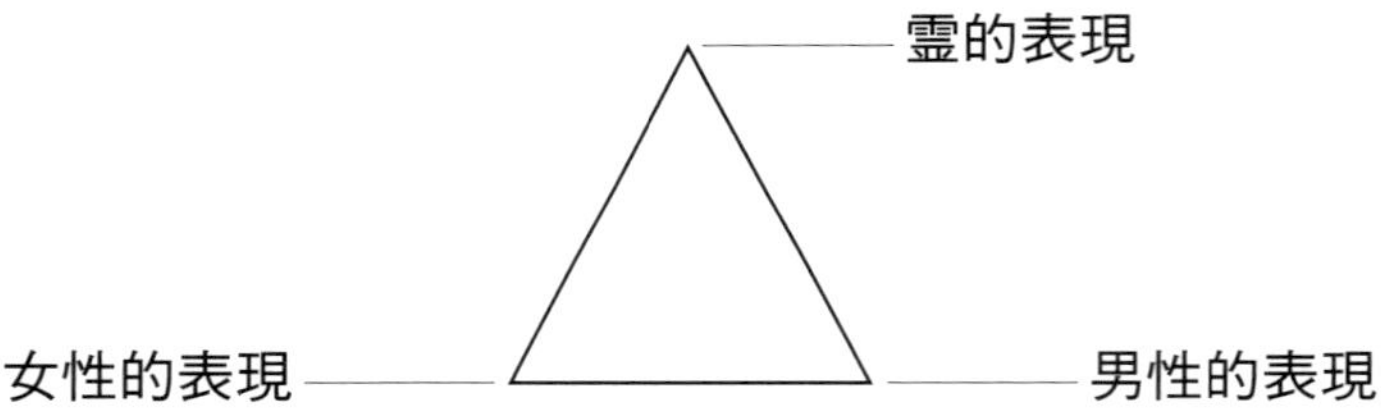

三角形

三角形は三点と三線から成ります。三角形には、男性的エネルギー・女性的エネルギー・霊的エネルギーの表現が存在しています。

数字の3は、三角形を連想させます。宗教界では、数字の3は三位一体を象徴しています。この数字は、再現と転生にまつわる数字です。過去世と関係するカルマ的行いは、大抵の場合、反復的テーマを持ち、ふつうは三回の転生にわたって起こります。

ダイアモンド型

ダイアモンド型は創造の基盤です。四辺は四大元素の土・火・風（空気）・水を表します。地上界にいながら、ダイアモンド型の内に立つと、忠実性・許し・理解・忍耐の性質が魂と融合します。これらの性質はすべて、明瞭な思考と純粋な意図を促します。このダイアモンド型はあなたを運ぶ輸送手段となって、高次の世界とその世界を司る叡智へと続くポータル（訳註：「門」「扉」などの意）を開きます。そして純粋な明るい光で不均衡を癒しながら、オーラの偏りを変化させます。

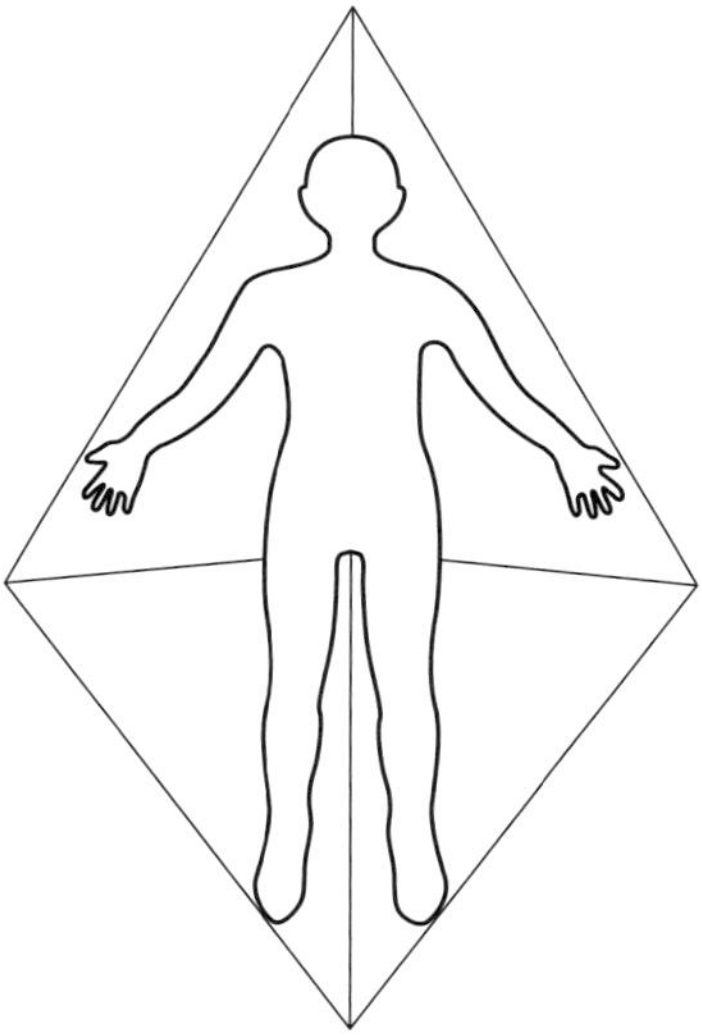

テクニック

ここからは、レベル1で学んだことを「初級」とし、続けて「上級」をご紹介しています。両方を行っても、「上級」だけ行っても構いません。

オルハイテクニック3：初級

「私にとって最も困難(苦手)なことは」の文章を完成させて書き、その理由を挙げます。

オルハイテクニック3：上級

「私にとって最も困難（苦手）なことは、私の最大の喜びである」という文章を書き、その困難なことが喜びである理由を挙げます。

オルハイテクニック４：初級

「私は自分を愛するが故に」の続きに、あなたが出会うあらゆる状況、あらゆるやめられない不健康な習慣、あらゆる信念や思考を一つひとつ加えて文章を完成させます。

オルハイテクニック４：上級

「私は意識的な存在であるが故に」の続きに、あなたが出会うあらゆる状況、あらゆるやめられない不健康な習慣、あらゆる信念や思考を一つひとつ加えて文章を完成させます。

オルハイテクニック５：初級

鏡を見て、次のように言います：
「私は神を愛するが故に、過去・現在・未来の自分を愛する」
深く息を吸って、手をたたきます。
鏡を見て、次のように言います：
「私は神を愛するが故に、あなたを招き、今この瞬間から自分の思考・言葉・行動を導いてもらいます」
深く息を吸って、手をたたきます。
鏡を見て、次のように言います：
「私は神を愛するが故に、自分を愛します」
深く息を吸って、手をたたきます。

オルハイテクニック5：上級

鏡を見て、自分に微笑みかけましょう。
これを六回繰り返します。
終えたら、日常の生活に戻ってください。

オルハイのルール：初級・上級

（初級）

愛ではなく、スピリットを送りましょう。

（上級）

何も送らないでください。ただ、スピリットのエネルギーとして自分を思い描きましょう。


（初級）

神を探し求めようとしないでください。神が背後から入ってくるのに任せましょう。

（上級）

少しの間、体のあらゆる細胞に神を感じてみましょう。自分の頭、首、肩、腕、手、胸、背中、腹、臀部、脚、足に神のエネルギーが満ちている様子を視覚化します。視覚化できたら、名前の最初の二～三音節を声に出して九回唱えます。数字の９は完了の数字であり、新しいことの始まりを示す数字でもあります。

（初級）
問題に注意を向けると、それを助長してしまいます。問題をわざわざ助長しないようにしてください。

（上級）
ユーモアを癒しの力として活用し、問題を発散しましょう（その問題に関して、笑える側面を想像します）。

（初級）
エネルギーを送るときは、右手の人さし指を使います。

（上級）
両目からレーザー光線が出るイメージを使います。両目から出たそれぞれの光線が重なって、一つの光線となり、ポイントを活性化します。

（初級）

パートナーは、心の中で自分の名前を唱えます。

（上級）

すべてのアクティベーションポイントが活性化できるまで、ヒーラーとパートナーが、声を合わせてパートナーの名前を唱え続けます。


（初級）

ヒーラーは、体に触れてはいけません。

（上級）

パートナーは、体の滞りがある部位に触れて、マッサージを行っても構いません。


（初級）

ヒーラーは、各ポイントにエネルギーを送ったあと、手をたたきます。

（上級）

パートナーは、ヒーラーが各ポイントを目で活性化している間、相手の視線を追い、すべてのポイントが活性化したら、手をたたきます。ヒーラーは手をたたく必要はありません。

（初級）
各セッションを始める前に、必ず体のどちら側が弱っているかを確認します。

（上級）
両腕を横に広げて立ちます。片方の腕を下ろして、伸ばしている方の腕で小さな円を描くように回します。疲れたら、その腕を横に下ろして、反対側の腕を伸ばし、小さな円を描くように回します。疲れたら、その腕を横に下ろし、また両腕を伸ばしてどちらか片方が弱く感じるまで維持します。

《主要・副アクティベーションポイントの位置：働き：色》

＊位置は、P 78 ～ 79 を、
色は、巻頭の口絵２・口絵３をご参照ください。

・第一ポイント：首の付け根（顎下）：記憶センター：黄色
・第二ポイント：背骨基底部（恥骨）：生存センター：赤
・第三ポイント：左肩：スピリットの受け入れ：オレンジ
・第四ポイント：右肩：スピリットの表現：オレンジ
・第五ポイント：腹部の中空管：エネルギーの流れ
：銀色がかったグレー
・第六ポイント：胸郭と太陽神経叢の間：パワーセンター：金色
・第七ポイント：額中央：クリアな視覚：乳白色
・第八ポイント：頭頂：源とのつながり：色は状況に応じて変化
・左右の臀部：創造への動き：無色
・左右の膝：過去世の基盤：無色
・左右の足首：今世の基盤：無色

主要・副アクティベーションポイントの図

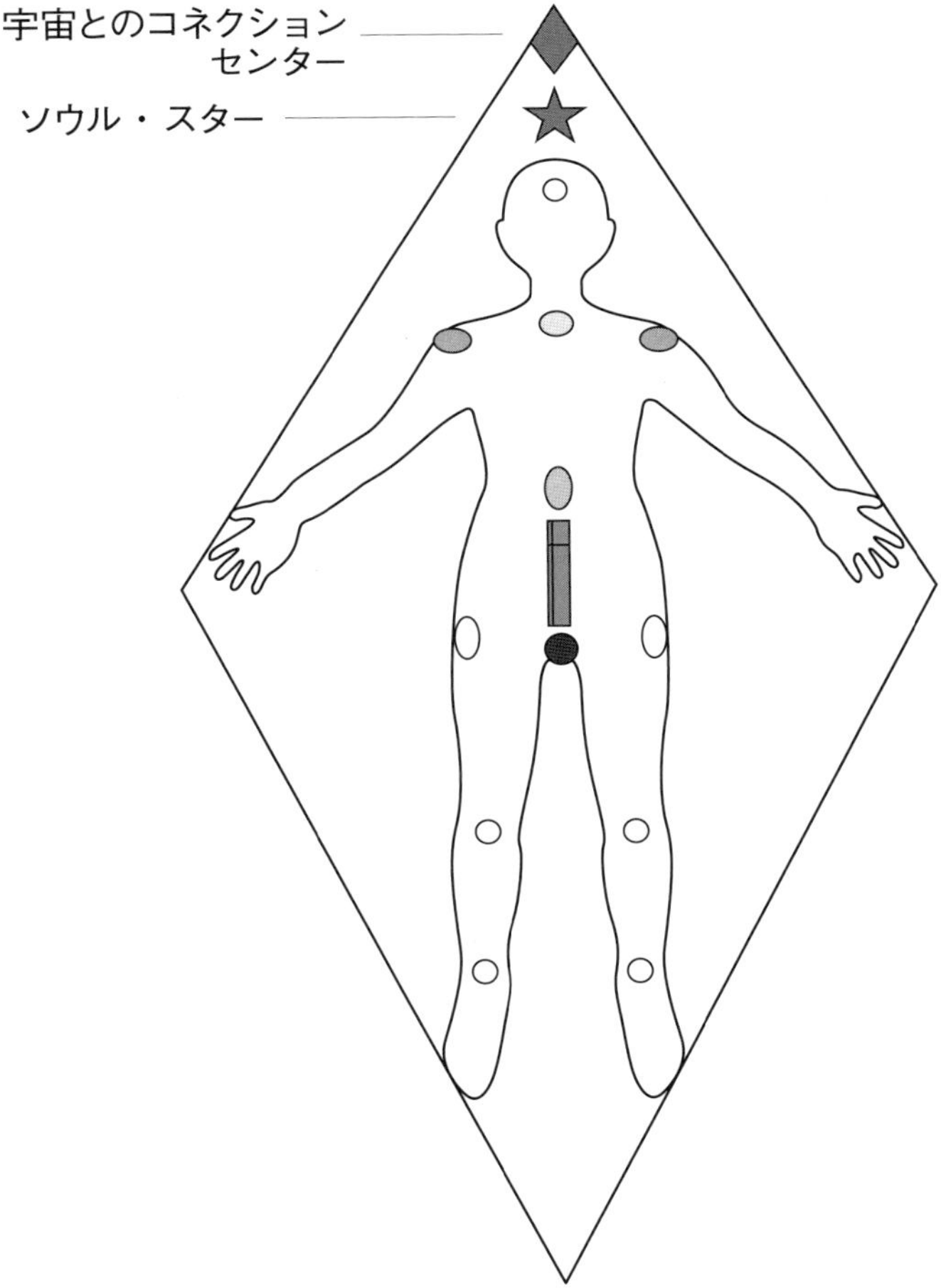

アクティベーションポイントと対応スレッドの図

＊スレッドとは、脈絡、筋を意味します。

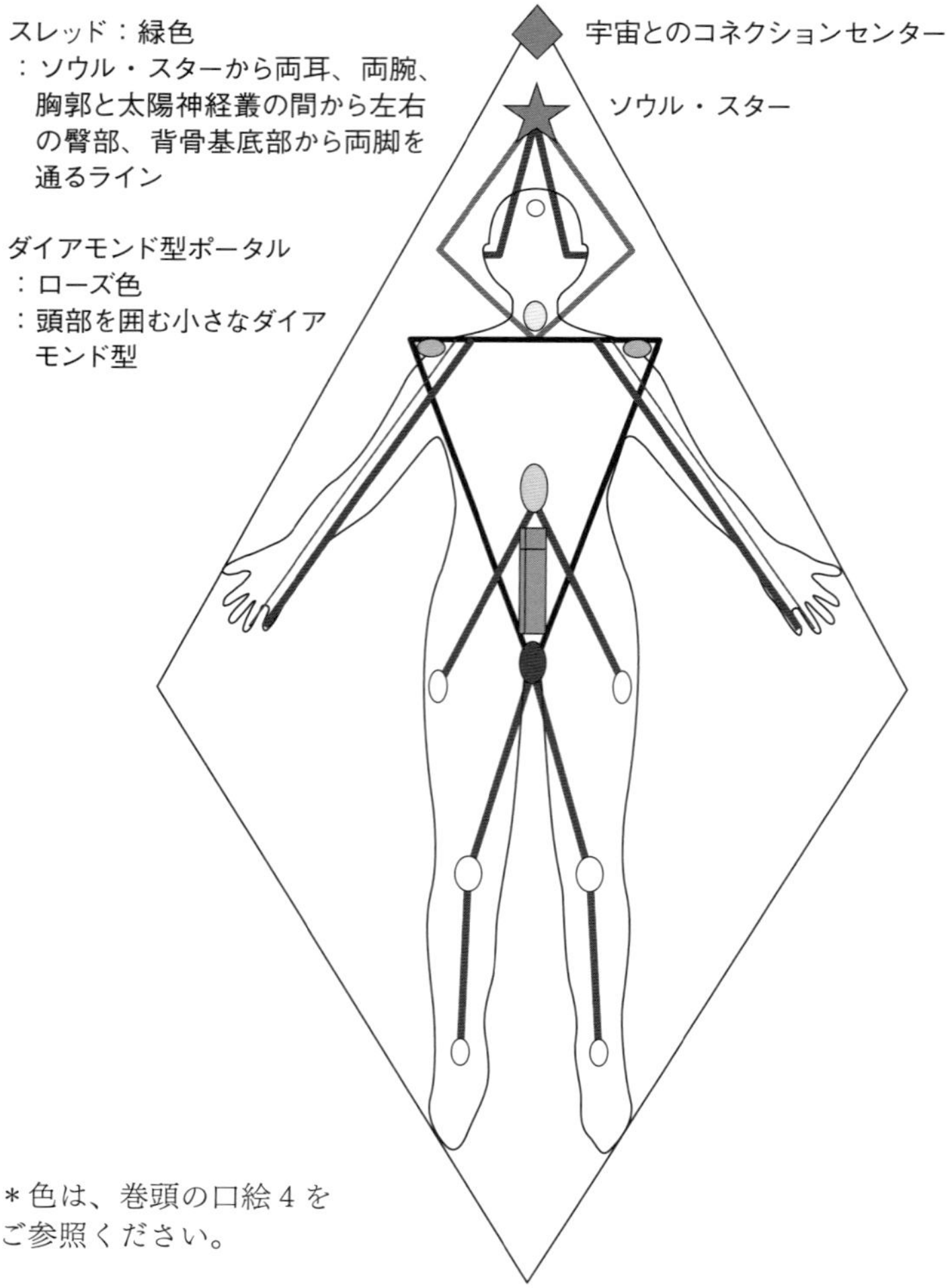

ダイアモンド型は、あなたを高次世界の体験へと連れて行くことができるポータルです。自分の存在を魂として気づくようになると、叡智の宇宙ポイントとのつながり（コネクション）ができます。このコネクションは、ダイアモンド型内に立つ人に純粋な光を注ぎ、その肉体・感情体・精神体・霊体から不完全なものをすべて押し出します。ダイアモンド内で環境が浄化されると、それより小さな第二のダイアモンド型がソウル・スターから誕生します。

二本の線がソウル・スターから両耳を経由して喉元でとまり、小さなダイアモンド型を作ります。この小さなダイアモンド型は、サードアイと両耳と首の付け根（喉元）にある第一アクティベーションポイント（記憶センター）と喉を囲っています。サードアイは、ソウル・スターからイメージを受け取ります。耳はメッセージを受け取ります。受け取ったイメージとメッセージは、この二本の線を伝って神の声を表す喉へと届きます。すると、最も純粋な形で真実を語ることができるようになります。このダイアモンド型ポータル内で各ポイントが呼び起こされると、記憶センターが目覚めて、潜在意識下に閉じ込められていた情報が利用可能になります。

あなたの高次世界への旅は、この小さなダイアモンド型ポータルから始まります。ソウル・スターは、高次世界の体験とつながっています。その世界では、個人としてのアイデンティティや知能を手放したグループが存在します。それらを手放したことによって、エゴとは無縁の集合的なグループ意識が形成されました。そのグループ意識は、人類が本来受け継いできたものへと戻るのを手助けするために存在しています。人は、然るべきタイミングで気づきを得ると、その人生の使命を実行できるようになります。気づきのタイミングが早すぎてもいけません。このポータルは、本人の魂の時間に基づいて、その意識を開きます。このポータルに入る度に、あなたの人生の使命が明らかになってきます。あなたが選んだ人生の使命を理解できたとき、それを実行できるようになります。

ダイアモンド・ポータル

ポータルに入るための準備

立って、両腕を空に向けて伸ばします。指先までの距離が、あなたのダイアモンド型の頂点までの距離です。両腕を前方へ伸ばすと、その指先までの距離が、ダイアモンド型の前方までの距離です。ダイアモンド型は、後方にも同じ距離まで伸びています。両腕を横に伸ばすと、その指先までの距離が、ダイアモンド型の両サイドの距離になります。

ダイアモンド型の大きさがわかったら、座って、そのダイアモンド内の空間をゆったりと見つめます。見つめながら、愛と感謝の思いがハートを満たすのを許可しましょう。ハートを満たしながら、ダイアモンド内の空間をゆったりと見つめ続けます。愛と感謝以外の感情が湧き起こってきたら、愛と感謝へ注意を向け直します。

感謝の思いを感じることができたら、静かに名前（魂の音）を唱えはじめます。喉のセンターにそっと触れて、あなたの魂の音を三度唱えましょう。次に、両耳に触れて、魂の音を三度唱えます。今度は額に触れて、魂の音を三度唱えます。ソウル・スターに意識を合わせて、魂の音を三度唱えます。最後に宇宙とのコネクションセンターに意識を合わせて、魂の音を三度ゆっくりと唱え、その音を宇宙に反響させてください。

では、リラックスして観察者になりましょう。呼吸のペースを落として、体の感覚を放ちます。この時点で、質問が浮かんでくることがあります。この質問は、あなたが常々疑問に思っていたことではありません。それは、顕在意識ではなく、潜在意識から浮かんできた質問です。潜在意識に許可を与えて質問させましょう。集合意識のグループマスターたちが与えてくれる答えに耳を澄ませてください。その答えは、あなた自身とあなたの魂の旅路に関する深い洞察を与えてくれるでしょう。

ポータルから戻るための準備

数分間待ってから、潜在意識の質問に答えてくれたグループマスターたちに感謝して、あなたの肉体を囲むダイアモンド内の空間を静かに見つめます。集中して空間を見つめながら、愛と感謝の思いが空間を満たすのを認めましょう。そっと息を吸いながらリラックスします。あなたが受け取った人生という贈り物に感謝してください。人生をどのように改善できるか、自問してみましょう。そっと息を吸いながらリラックスします。少しの間、マインドを静めて耳を澄ませ、次の副アクティベーションポイントを活性化しましょう。最初に、臀部の両ポイントに軽く触れて、膝の両ポイント、足首の両ポイントへと続けます。これで、地上界にグラウンディングできます。

（＊副アクティベーションポイントの位置は、Ｐ１２０〜１２１、巻頭の口絵３をご参照ください。）

もしポータル内で違和感をおぼえた場合は、その空間内の光に思いを向けてください。そうすると、違和感を解消できます。

心を開いて、集合意識のグループマスターたちからメッセージを受け取りましょう。

ポータルに入るときは、特定の結果を予測しながらではなく、何も期待せずに入ってください。

ポータル内での経験を願望に左右されないように気をつけてください。

ポータルには恐れや不安を持ち込まないでください。恐れはあとに残してポータルに入ります。

そうしたくなったら、魂の音（名前）を唱えましょう。魂の音は、スピリットにつながるライフラインです。

受け取った答えの意味が理解できなくても、時が経てばわかります。焦らず待ちましょう。

「潜在意識からの質問」に対する答えを得なければなりません。その質問は、あなたが人生で経験する試練や困難に大きく影響します。

「顕在意識からの質問」は絶え間なく浮かんできますが、それらは大抵の場合、エゴから発せられたものです。

集合意識のグループマスターたちは、真実のメッセージを運んでくれます。彼らは個人的な意図などは持たず、人類の進化に対する感情的なこだわりもありません。ただ、答えを探し求める人たちにメッセージを与えるだけで、人類の欲望とは無関係の立場を取ります。

副アクティベーションポイントの特質

頭上約５㎝：ソウル・スター：再創造
大脚部・臀部（両脚）：新たなる創造への動き
両膝：過去世の基盤
両足首：今世の基盤

大脚部・臀部のポイントは、脚部外側の臀部と大脚部の中間地点にあります。
膝のポイントは、脚部前面の脛骨真上にあります。
足首のポイントは、脚部前面の脛骨真下にあります。

まず、七つの主要アクティベーションポイントの活性化から始めます。両目の間の額上にある第七アクティベーションポイントまで終えたら、意識、両目、あるいは（指さしで行うのなら）指を上方にある宇宙とのコネクションセンターへと向けます。このセンターは、三角形の頂点のようなイメージで考えるか視覚化するかしてください。その頂点から二本の光線が手まで伸びて、両足から上方へ伸びる二本の線と交わります。これで、あなたはダイアモンド型内に立つことになります。これは、創造の形です。

意識を宇宙とのコネクションセンターに向けたら、色が浮かんでくることがあります。これは、スピリットがあなたとつながろうとしているサインです。霊的な存在は、色の振動数を介して時空を移動します。スピリットがあなたとつながろうとしている時、必ずではありませんが、宇宙とのコネクションセンターと関係する色が見えてくるでしょう。この色は、人とスピリット間のコミュニケーションに使われます。

第八ポイント（ソウル・スター）の色は、あなたがオルハイを実践するたびに変わることがあります。なぜなら、その色はダイアモンド型内にいるあなたがその瞬間に放っている心理的・感情的・肉体的・霊的振動数に関係しているからです。そのときどきの色の振動数は、古いプログラムのよどみをくぐり抜けるために必要とされる性質を持ち、この変容プロセスの手助けをします。

第八ポイントに取り組んでいる時に複数の色が現れた場合は、どれか一色を選んでセッションに活用してください。毎回同じ色を使う必要はないので、その度に色を選んで構いません。思考や感情と同じように、色にも振動数があります。例えば、受け取った色が青で、途中でピンクに変わった場合は、必ず青に意識を集中したままでいてください。ピンクは、青と異なる振動数を持ち、あなたのエゴ（パーソナリティ）が意識に送り込んできた色である可能性があります。エゴは、解消されるべきエネルギーに集中しようとするあなたの気をそらさせようとしているのです。覚えておいて欲しいのですが、エゴ（パーソナリティ）は、あなたの思考を揺り動かし、あなたがどれにしようか迷うほど数多くの思考を送り込み、さらに数々の色をあなたに投げかけようとします。あなたが物事を深く感じるタイプなら、エゴ（パーソナリティ）は、「選んだ色が間違っているかもしれない」とあなたを惑わすかもしれません。あるいは、拭いきれない違和感を送り込んで、あなたを悩ませることもあります。

あなたは「光」であり、あなたの現実を指揮するのは自分であるということを覚えておいてください。エゴに惑わされそうになったら、少し時間を取って、そうした思考や感情を送り込んできたエゴ(パーソナリティ)に感謝を向けましょう。**そして、「私はこの瞬間から喜びと繁栄に満ちた人生を自分のために再創造し実現させる」と声に出して毅然と宣言してください。**

エゴ（パーソナリティ）はそうした波動の中では存在できないため、すぐに手綱を離して、やがて消えていきます。このテクニックが有効なのは、あなたがソウル・スターから再創造・具現化し、その具現化を宇宙とのコネクションセンターを通して表現しているからです。

エゴ（パーソナリティ）はネガティブな存在ではないということに気づいてください。エゴがより高次の要素として変容すると、他者とコミュニケーションを図るために必要なパーソナリティをあなたに与えてくれます。純粋なる意識の元に活動するパーソナリティは、他者に内在する光を支えることができます。ここでは、「愛の役割は、人生を支えることで、人生を助けることではない」という宣言がふさわしいでしょう。

パートナーとオルハイに取り組んでいる場合は、この第八ポイントに活用すべき色があるかどうか、あるのなら何色なのか、必ず相手に聞いてください。**ヒーラーは、決してパートナーに違う色を押しつけたり提案したりしてはいけません。それをすると、相手に深刻な問題が生じることがあります。**パートナーの洞察を尊重して、相手が言う色だけを視覚化しましょう。第八ポイントに現れる色は、エネルギーフィールドに保存された過去世のトラウマのみならず、魂の様々な特質をも示します。

第八ポイントの活性化にともなって、あなたの全歴史が変容します。あなたの物理的なＤＮＡが霊的なＤＮＡと同調し、エネルギー的刷り込みと、その刷り込みから起こる感情的表出がすべて浄化されます。このプロセスは、あなたとそのライトボディを融合させます。

宇宙とのコネクションセンターは、あなたと天界を同調させます。このセンターは、アクティベーションポイントではありません。

ライトボディとエネルギー・マネジメント

ライトボディ

ライトボディとは、あなたのオーラのことを指します。最初にこの地上に降り立ったとき、あなたは肉体として生まれようとするスピリットでした。物理的な乗り物に乗り込もうとする光だったのです。時を経て、あなたの存在が濃密になってくると、あなたに内在する光が押し出され、現在オーラとして知られている形へと姿を変えました。

このオーラは、あなたの光のラインで、神聖なる源とつながっています。オルハイを実践して、あなたの内と外のエネルギーフィールドを浄化すると、あなたの輝きは増し、その光があなたの内にある然るべき場所へと戻り、あなたの霊的ＤＮＡも完全に活性化されます。これが起こると、あなたは転生サイクルを完了したことになり、再び、スピリットの姿・イメージで共創者となります。転生はツールであって、必ずしも必須ではありません。

オルハイを実践すると、あなたの光を呼び覚まします。この光を維持するためには、自らのエネルギーを使いこなす方法を知る必要があります。次のエクササイズは、その方法についてです。

エネルギー・マネジメント

あらゆるレベルで健康と幸福を立て直すためには、エネルギーを理解し、バランスよくエネルギーに取り組まなければなりません。これを、エネルギー・マネジメントと呼びます。まず、あなたのエネルギーが何をしているのか、何を求めているのか、周囲にどのような影響を及ぼしているのか気づかなければなりません。エネルギーは特有の表現方法を持っています。その表現方法を理解して尊重しなければなりません。あなたのエネルギーフィールドは、あなたがこれまで有してきたプログラム、信念、感情のすべてを握っています。あなたのエネルギーフィールドが握っているものを発見すると、人生とそれに起きる出来事をより明確に理解できるようになります。

人は、自己の「私」の部分を重視する傾向があります。「私はこれが欲しい、あれが欲しい。これもそれも私がしている……」と、私主体です。しかし、「私」ではなく自分の「エネルギー」が何を望み、何をしているかということに意識を移すと、自己に関する認識と周囲の世界が百八十度変わります。エネルギーを理解して、より効率的にエネルギーに取り組むためには、次のガイドラインに従ってください。

1. エゴではなく、エネルギーの望むことに注意を払います。
2. あなたのエネルギーはバランスを崩していますか、整っていますか？
3. あなたのエネルギーは周囲の人たちにどのような影響を与えているでしょう？
4. エネルギーが何を望んでいるか、どう感じているか聞いてみましょう。

5. あなたのエネルギーはあなたに協力していますか、反抗していますか？
6. 物事がうまくいっているとき、エネルギーはあなたに協力しています。トラブルが日常茶飯事なら、エネルギーが反抗しているのかもしれません。
7. 毎日最低一回はエネルギーフィールドを浄化してチャージしてください。
8. 寝る前にラベンダー精油とミルラ精油を数滴ベッドにふりかけて、エネルギーフィールドを浄化してください。

テクニック

テクニック1

立って、体をリラックスさせます。腕や脚から緊張を振りほどきましょう。首を左右に傾けて、溜まった緊張を解き放ちます。

鼻から大きく息を吸って、口から長い息を吐き出します。

あなたのダイアモンド型と同調しはじめてください。ゆっくりとダイアモンド型を見つめながら、視線を体から外側へ腕の長さだけ伸ばします。

エネルギーを前方へ伸ばしながら、エネルギーがどのように感じているか自問してください。

どのような感覚が起こっていますか？

次に、北半球にいる方は反時計回りに三度回転してください。南半球にいる方は時計回りに三度回転してください。

目は開けながら回転します。

「今この瞬間、エネルギーフィールドを修復しなさい」と繰り返しながら、投影したエネルギーフィールドにゆっくりと入っていきます。

何を感じ、体験し、見て、聞くのか、注意を払いながらエネルギーフィールドに入ります。

エネルギーが親友であるかのように話しかけてください。あなたが今体験していることを伝えましょう。

終えたら、座って浄化の呼吸をしましょう。一度息を吸って、三度に分けて吐き出します。

では、日常に戻ってください。

人は、他者のエネルギーを感じ取るためには時間を割くけれども、自分のエネルギーを感じ取るためには時間を割こうとしない傾向があります。他者のエネルギーに意識を向けると、自分の思考力は満足し、逃避できます。自分のエネルギーに意識を向けると、自分とその人生に関してより奥深い洞察を得て、理解を深めることができます。

あなたのエネルギーがどのような感じかを知ると、あなたに対する人々の反応が良くわかるようになります。あなたのエネルギーフィールドの強みと弱みを理解できれば、まっすぐな意図を持って、不均衡を意識的に変えることができます。

このテクニックは、あなたのエネルギーを理解する上で役立ちますが、日々の生活で、エネルギーフィールドを肉体の前後左右に密接に保つことを決して忘れないでください。どの方向においても、腕の長さ以上にフィールドが離れてはいけません。エネルギーフィールドが肉体の近くにあると、あなたは冷静沈着に集中力を保ってパワーを得ることができます。

テクニック2

テクニック１をもう一度繰り返しますが、テクニック２では、エネルギーフィールドに入るとき、名前と苗字の最初の二〜三文字を唱えながら入ります。

パートナーと行うエネルギー・マネジメントのテクニック

パートナーに、自身のダイアモンド型の端までエネルギーを投影してもらいます。パートナーがそうしている間に、あなたは三度回転します。北半球にいる場合は反時計回りに、南半球にいる場合は時計回りです。

パートナーのエネルギーフィールドに入りましょう。

あなたのエネルギーとパートナーのエネルギーの**共通点に注意を払い、違いには意識を向けないでください。**

では、パートナーのエネルギーフィールドから出て、今度はあなたのダイアモンド型がはじまるところへ向けてエネルギーを投影します。あなたがそうしている間に、パートナーは時計回りか反時計回りに三度回転します。

パートナーに、あなたのエネルギーフィールドに入ってもらいましょう。

パートナーにも、二人のエネルギーの共通点に注意を払い、違いには意識を向けないようにしてもらいます。互いに相手のエネルギーフィールドに入り終えたら、少し時間を取って、二人が気づいたエネルギーの共通点について話し合います。

エネルギーの違いについては話し合わないでください。

オルハイは対等であることを強化し、私たちを元のエネルギーへと連れ戻します。

共通点に意識を向けることで、相手との共通の絆を築いています。

このエクササイズは、他者から影響を受けることへの恐れを手放すのに役立ちます。あまり良い感じがしないエネルギーを放つ人と会うこともよくあるでしょう。いつも相手の意図がわかるとは限らないため、そうした相手に出会うと、引き下がるか、どうにかして自分を守ろうとするものです。そのようにして、人類という名の家族から自分を守ろうとし続けていると、いつまでたっても統合は得られません。

このワークブックは役に立ったでしょうか。質問がある方は、どうかご連絡ください。

オルハイを楽しんでください。あなたが戻ってきてくれて嬉しいです。

訳者あとがき

本書『オルハイ・ヒーリング』（原題：The Orhai Method of Total Healing）は、サイキック・ヒーラーでもある著者のサヤーダさんが、スピリットガイドから伝授されたエネルギー・ヒーリングの手法とその背景知識をまとめたワークブックです。

著者によると、幼少時の些細だけれども嫌な思いをした出来事などが、「発達性トラウマ」となってエネルギーフィールドに蓄積し、本人の成長とともに様々な感情的反応パターンを生みだすとのことです。滞ったエネルギーは、全体的なエネルギーの流れを邪魔し、健康や幸福感にも影響を及ぼします。

そこで本ワークブックが提案しているのが、自分のエネルギーや意識の状態を認識し、発達性トラウマを解消し、エネルギーフィールドのバランスを整えてから、エネルギーの各ポイントを活性化することです。そのためのテクニックが色々と紹介されていますが、なかなかユニークかつ簡単にできるものばかりです。

そのうちの一つである「発達性トラウマの解消」テクニックは、自分の名前と、嫌な思いをした出来事に関係する人の名前を唱えるエクササイズです。その目的は、トラウマが生じた出来事によるネガティブなエネルギーを解き放ち、個人のパワーを取り戻すことです。

本書の翻訳を終えて、私も自分の発達性トラウマになっていそうな過去の出来事について考えてみました。すると、幼い頃に言われた言葉にとても傷ついた思い出が浮かんできたのですが、その場面に登場する人の顔や状況は覚えているのに、相手の名前だけが思い出せません。どうやら、その時の思いのエネルギーだけが残っているようでした。

そこで、相手の名前が唱えられない場合の対処法を著者にお尋ねしたところ、同テクニックの〈応用編〉を教えていただきました。相手の名前を忘れた（あるいは知らない）場合や、出来事だけを鮮明に覚えている場合などに活用できますので、著者の了承を得て、ここにご紹介したいと思います。

発達性トラウマの解消〈応用編〉

このエクササイズは、必ず目を開けて行ってください。

ゆっくりと円を描くように歩きます。光を吸いこみ、息を吐きながら自分の名前の最初の二〜三文字を六回唱えます。

相手（あるいはトラウマになった出来事）を思い描いてください（視覚化）。円を描くように歩き続けながら、光を吸いこみます。息を吐きながら、その人（あるいはトラウマになった出来事）のエネルギーを吐き出します。息を吐くときに、その出来事が心の中から消えていくのを見てください。これを四回繰り返します。ゆっくりと歩き続けながら、光を吸いこみます。息を吐きながら自分の名前の最初の二〜三文字を六回唱えます。

このエクササイズを毎朝二回、午後〜夕刻に二回ずつ行いましょう。

エクササイズは数日続けてください。自分に生じた変化に気づき始めるでしょう。その出来事に関して、何も思わないようになるはずです。刷り込みは依然として存在していますが、そこから受けていた影響を感じないようになります。
可能ならば、このエクササイズは自然の中で行うことをお勧めします。自然は、ネガティブなエネルギーを癒して中和化してくれます。

＊　＊　＊

この〈応用編〉のエクササイズは、やればやるほど効果が上がるとのことです。

程度の差はありますが、人は誰でも、心に蓋をしてしまった思い出や、それにまつわるエネルギーを抱え込んで生きているのだと思います。そして、心の中のわだかまりを手放せたつもりでいても、そのエネルギーは依然として残っている、というケースも数多くあるのかもしれません。

オルハイは、そのように滞っているエネルギーを解放して、エネルギーのバランスを整えることによって、スピリット（の意思）と調和するのを最終目的にしているとのことです。サヤーダさんからは、「むずかしく考えずに、オルハイを楽しんでくださいね」とのメッセージをいただきました。

本来の光としての輝きを取り戻し、魂が喜ぶ生き方へと還るために、本ワークブックがたくさんの方々に活用いただけることを願っています。

最後に、翻訳の機会を与えてくださったナチュラルスピリット社の今井社長、数多くの質問に根気よく回答くださったサヤーダさん、細やかに目を通してくださった編集の笠井さんに感謝申し上げます。

二〇一六年四月

采尾　英理

■著者　サヤーダ　Sayahda

ネイティブアメリカン（アメリカ先住民）のチェロキー族の血を引くアメリカ人。子供の頃からサイキック能力を持ち、35年以上、その能力をセミナーや個人セッションを通して人々に分け与えている。国内外を旅し、フィリピンとユカタン半島のマヤ民族のシャーマンから心霊手術を学ぶなど、世界各国のスピリチュアルな知恵に触れ、自身でも独自のヒーリング「オルハイ・ヒーリング」を開発する。ある日本人と知り合ったことで始めた遠隔リーディングが評判を呼び、縁あって来日に至る。現在はオーストラリアに在住し、スピリチュアルな旅を続けている。

メールアドレス：orisus38@gmail.com
（＊お問い合わせや質問は、英語のみで行うことが可能です。）

■訳者　采尾　英理（うねお　えり）

同志社大学文学部卒業。訳書に『なぜ私は病気なのか』『体が伝える秘密の言葉』『魂が伝えるウェルネスの秘密』（いずれもナチュラルスピリット刊）がある。

The Orhai Method of Total Healing
by Sayahda

オルハイ・ヒーリング

●

2016年7月31日　初版発行

著者／サヤーダ

訳者／采尾英理

編集・DTP／笠井理恵

発行者／今井博央希

発行所／株式会社ナチュラルスピリット
〒107-0062 東京都港区南青山5-1-10
南青山第一マンションズ602
TEL 03-6450-5938　FAX 03-6450-5978
E-mail:info@naturalspirit.co.jp
ホームページ http://www.naturalspirit.co.jp/

印刷所／創栄図書印刷株式会社

ISBN978-4-86451-212-1　C0011